设计 Educated by Design
点亮教育

[美] 迈克尔·科恩◎著
（Michael Cohen）

焦 隽　徐品香◎译
焦建利◎审校

华东师范大学出版社
·上海·

图书在版编目(CIP)数据

设计点亮教育/(美)迈克尔·科恩(Michael Cohen)著;焦隽,徐品香译. —上海:华东师范大学出版社,2022
ISBN 978-7-5760-3333-5

Ⅰ.①设… Ⅱ.①迈…②焦…③徐… Ⅲ.①教学设计 Ⅳ.①G42

中国版本图书馆 CIP 数据核字(2022)第 229298 号

设计点亮教育

著　者　迈克尔·科恩(Michael Cohen)
译　者　焦　隽　徐品香
审　校　焦建利
责任编辑　彭呈军
特约审读　单敏月
责任校对　李琳琳
装帧设计　卢晓红

出版发行　华东师范大学出版社
社　　址　上海市中山北路 3663 号　邮编 200062
网　　址　www.ecnupress.com.cn
电　　话　021-60821666　行政传真 021-62572105
客服电话　021-62865537　门市(邮购)电话 021-62869887
地　　址　上海市中山北路 3663 号华东师范大学校内先锋路口
网　　店　http://hdsdcbs.tmall.com

印　刷　者　上海盛通时代印刷有限公司
开　　本　787 毫米×1092 毫米　1/16
印　　张　12.5
字　　数　190 千字
版　　次　2023 年 3 月第 1 版
印　　次　2023 年 3 月第 1 次
书　　号　ISBN 978-7-5760-3333-5
定　　价　46.00 元

出 版 人　王　焰

(如发现本版图书有印订质量问题,请寄回本社客服中心调换或电话 021-62865537 联系)

致我的父母和我的妻子：

当你有一个永远相信你的人时，

一切皆有可能。

Educated by Design: Designing the Space to Experiment, Explore, and Extract Your Creative Potential

by Michael Cohen

Copyright © 2019 by Dave Burgess Consulting, Inc.

Chinese Translation Copyright © 2022 by East China Normal University Press Ltd.

All rights reserved

上海市版权局著作权合同登记　图字:09-2020-079号

《设计点亮教育》广受赞誉

"迈克尔·科恩充满激情——他热衷于教育、教学和创造,并乐于与他人分享自己的这些乐趣。这本书……饱含了他关于如何设计有意义的教育体验以释放学生创造力的经验教训。这是他送给大家的礼物。"

——蒂纳·西利格(Tina Seelig)
斯坦福大学工程学院教授、《创造力规则》(*Creativity Rules*)的作者

"在《设计点亮教育》这本著作中,迈克尔·科恩巧妙地融合了一些趣闻轶事、切实可行的建议以及一些教师和学生如何释放创造潜力的好点子,并与公众分享了他们所创造的作品。它对那些正在寻找灵感,同时又在寻找易于尝试的点子路线图的人来说,是一本十分理想的书。"

——亚当·贝洛(Adam Bellow)
突破教育(Breakout EDU)的共同创立者

"迈克尔·科恩在教育工作者如何以设计师思维来变革教育方面提出了大胆的设想。这本著作将激励大家在创新实践中不断地挑战自己。"

——约翰·斯宾塞(John Spencer)
教授、《授权和启动》(*Empower and Launch*)的合著者

"教书是一门技艺,创造使之生辉。我们都有创造能力,这种创造能力会对学生的学习产生深远的影响。在《设计点亮教育》中,迈克尔·科恩能够帮助大家找到创新教学的灵魂。即便你已经找到了它,这本书也可以帮助你通过一些实用的想法和活动来完善它。你的学生会注意到这些不同,你也会在他们的学

习中察觉到这些变化。"

——马特·米勒(Matt Miller)

《扔掉这本教科书》(*Ditch That Textbook*)的作者、演讲者、博客撰写者、十多年的资深教师

"作为一个相信创造力对所有内容领域都至关重要的人,我发现科恩的著作犹如一股清新的空气。它使我们认识到了创造自由和创造信心的重要性。创新是一种思维模式,是某种我们每个人都可以做到的事情。《设计点亮教育》一书,从理论(为什么创造力很重要)到实践(一套将创造力融入教学的建议)均可使各个学段各个学科的教师从中受益。今天,所有的课堂都应当注重创造力的培养。无论你是一个新手教师还是一个创新专家,科恩都为你提供了很多帮助所有学生发展其创造性思维模式的方法。"

——爱丽丝·基勒(Alice Keeler)

教师、教育技术博客撰写者

"我曾经多次现场聆听过迈克尔的演讲,并有幸与他交谈过。品读《设计点亮教育》,感觉像是那些谈话的延续。你会感受到迈克尔对学习的热情,领会他在为什么创新以及如何实现创新之间所建立的清晰的联系。这是一本既易读又实用的好书,能够鼓励读者创建自己的解决方案。"

——乔治·库诺斯(George Couros)

创新教与学首席顾问、

《创新者的思维模式》(*The Innovator's Mindset*)的作者

"从消费文化转向创造和设计文化,不仅是教育工作者改变课堂学习体验的最重要的措施之一,而且也是他们作为专业人士改变自我学习体验的最重要的措施之一。在《设计点亮教育》中,作者在澄清诸多有关创新和设计的谬论的同时,提供了一些在课堂上把学习引入生活的实用方法。诚如科恩所言,'创新是一种思维模式,而不是一套艺术品'。因此,就让这本书帮助你设计一个在你的影响范围内的转变方案吧!"

——托马斯·C. 默里(Thomas C. Murray)

华盛顿特区未来预备学校(Future Ready Schools)的创新主任

"迈克尔·科恩是一个每天都激励我的人,他在他的著作《设计点亮教育》中会激励所有的教育工作者。这不仅仅是一本书,更是一个激发创造力的平台,它一定会赋予所有的读者一种创造性的思维模式。这本书既实用又富有启发性,它以充满活力而又发人深省的内容揭开了创造过程的神秘面纱。这是任何一个期望在学校引燃创新文化火花的人必读的书。"

——劳拉·弗莱明(Laura Fleming)

教育家、《创造的世界》(*Worlds of Making*)和《打造卓越的创客空间:入门指南》(*The Kickstart Guide to Making Great Makerspaces*)的畅销作者

"遗憾的是,学校极力强调顺从,忽略了学生创造力的培养,我们很多学生已经适应了这样的环境。他们一味追求更高的平均绩点、更好的考试成绩、遵规守纪,却不惜牺牲自己创造的天性。这本书向我们展示了如何重新点燃每一个孩子内心的火花,并让他们为鼓励差异而非趋同的未来世界做好准备。它对设计思维和创造力这些重要概念做了介绍,包含大量具体在实践中奉行这些理念的课堂实例。它还呼吁大家改变自己作为教育工作者的思维模式。迈克尔是一位伟大的儿童学习体验设计师,他也能帮助大家成为这样的设计师。"

——斯科特·麦克劳特博士(Dr. Scott Mcleod)

教育领导学副教授、科罗拉多大学丹佛分校CASTLE的创始董事

"迈克尔·科恩总讲实情!这本书展现了他在教育、创新和设计方面的独特见解,它超越了其他偶尔提出'这里有一些技术工具'的著作。我非常喜欢迈克尔这样大胆地讲述教育界的实情。他深入研究了技术在学校中的应用、失败如何成为学习的过程以及激发创造力的不同策略。这本书对每一位试图重新振兴和设想学校学习的教育工作者或领导者来说都是一个有力的工具。"

——卡尔·胡克(Carl Hooker)

创新和数字学习主任

"迈克尔·科恩致力于赋予教育工作者发展创造性思维模式的能力。《设计点亮教育》给读者讲述了一些故事和经历,这些故事和经历勾勒出了科恩作为教育工作者和设计师的观点。科恩提出了一些问题,推动大家发展在教育及其他

领域的创造性思维。"

——莫妮卡·伯恩斯(Monica Burns),教育博士、ClassTechTips.com 的创始人、《应用程序之前的任务》(*Tasks Before Apps*)的作者

"迈克尔·科恩在打破和挑战有关创新、设计和教育的思维模式方面做了非常了不起的工作。创新不限于艺术界,正如他所说的,创新是火花、催化剂,是以崭新的、意想不到的方式看待问题的动力。这本著作是每一位有望培养学生批判性思维、设计思维和问题解决能力的教育工作者的必读之书。你在为设计转变方案做什么呢?"

——布赖恩·阿斯皮诺尔(Brian Aspinall)
教育工作者、作家、程序员、创客

(翻译:徐品香 校对1:焦建利 校对2:焦隽)

致　　谢

我要亲自感谢以下人士。没有你们，我就不会有创造的勇气或能力把"只是一个想法"变成值得分享的东西。

感谢我的学生们：近十年来，你们促使我这个教育工作者不断完善自己，并确保所有学生都有机会展现他们与生俱来的创造力。

感谢 Dave 和 Shelly Burgess：感谢你们对我的著作的信任并投资将其变为现实。我对你们的支持永远心怀感激。

感谢 Erin K. Casey、Mariana Lenox 和我的作者联络小组的全体成员：感谢你们帮助我塑造和完善我的作品，使之成为今天这本书。

此外，我还要感谢下列指导我、激励我、帮助我成长的教育工作者和创造力发起者：

Jason Ablin、Ai Adddyson-Zhang、Brian Aspinall、Tanya Avrith、Math Baier、Susan M. Bearden、Adam Bellow、Ela Ben-Ur、Dani Boepple、Rabbi Yonah Bookstein、Jeff Bradbury、Kristen Brooks、Elyse Burden、Monica Burns、Amy Burvall、Eric Chagala、Ross Cooper、Billy Corcoran、Michelle Cordy、Jon Corippo、George Couros、Alec Couros、Kelly Croy、Dr. Theresa Cullen、Vicki Davis、Kayla Delzer、Steve Dembo、Bob Dillon、Sylvia Duckworth、Leslie Fisher、Laura Fleming、Ben Forta、Yossi Frankel、Camila Gagliolo、Clara Galán、Don Goble、Sue Gorman、Jenny Grabiec、Jody Green、Dr. Tim Green、Matthew Grundler、Laura Grundler、Yonatan Hambourger、Paul Hamilton、Rebecca Hare、Tony Hawk、Michael Hernandez、Manuel S. Herrera、Bethany Hill、Dr. Beth Hollan、Carl Hooker、Cathy Hunt、Felix Jacomino、Lisa Johnson、Maxx Judd、AJ Juliani、Alice Keeler、Zev Kessler、Kurt Klynen、Christine Klynen、Dan Koch、Ann Kozma、Greg kulowiec、Rick St. Laurent、

Metuka Daisy Lawrence、Mike Lawrence、Rabbie Moshe Levin、Deborah Littman、John Maeda、Ariel Mansano、Katie Martin、Tara Martin、Michael Matera、Shawn McCusker、Scott McLeod、Bryan Miller、Matt Miller、Tom Murray、Sara Murray、Todd Nesloney、Alexis Newman、Erin Olson、Don Orth、Eric Patnoudes、Sam Patterson、Tzvi Pittinsky、Sabba Quidwai、Dr. Kaleb Rashad、Larry Reiff、Mitch Resnick、Reshan Richards、Tisha Richmond、Mike Rohde、Gail Ross-McBride、Dan Ryder、Tina Seelig、Aryeh Siegel、Bill Selak、John Spencer、Rabbi Y. Boruch Sufrin、Rabbi Aryeh Sufrin、Zach Swigard、Sue Thotz、Cate Tolnai、Alberto Valdes、Tony Vincent、Rabbi Avrohom Wagshul、Brad Waid、Inge Wassman、Don Wettrick、Jennifer Williams、Vinney Williams Jr.、Elaine Wrenn、Ilana Zadok、Claudio Zavala Jr.、Yong Zhao 以及其他许多在我的创造之旅中给予过支持、值得感谢、但却难免被遗漏的人。

（翻译：焦隽　校对1：徐品香　校对2：焦建利）

作者简介

迈克尔·科恩（Michael Cohen），被称为"技术拉比"，他既是设计师，又是技术专家出身的教育工作者，他还是演讲者、作家和创造力的发起者，他以帮助年轻人培养其发现问题、解决问题的创造信心为己任。

他与学校、机构和企业合作，帮助它们为学生创造或改善机会，以便他们能够利用技术、媒体创作和数字时代的技能，提升其探究和解决全球社会复杂难题的动力。

科恩通过社交媒体、主题演讲和在国际舞台上的专题讲座，包括国际教育技术协会（ISTE）、西南偏南教育峰会（SXSW EDU）、墨西哥教育大会（Congreso. Edu Mexico）、教育技术教师峰会（EdTechTeacher Summits）和苹果教育活动（Apple Education events）等，分享他的设计和创新故事。

他目前担任洛杉矶耶什瓦大学男校（YULA）（Yeshiva University of Los Angeles Boys School）的创新总监，专注于扩大由学生驱动的创业工作室的规模。他不仅是苹果杰出教育家、谷歌认证的培训师、Adobe认证的培训师，而且还被评为当今50强教育技术影响人物之一。

他与他的妻子和四个孩子住在加利福尼亚州的洛杉矶，喜欢攀岩、玩滑板和建造堡垒。

（翻译：徐品香　校对1：焦隽　校对2：焦建利）

致中国读者

三年前,我梦想撰写一本书,能够成功地综合创造力的各种特征,帮助教育工作者及其学生展示他们的创造能力。现在,我怀着极大的喜悦和感激之情,与中国教育工作者分享《设计点亮教育》,这要感谢焦隽老师、徐品香副教授和焦建利教授。创造力是一个许多人都在苦苦挣扎的过程,因为他们将它与某种物理创造行为联系起来。虽然有形的产出毫无疑问是一种创造性的结果,但思考过程、分析和反思才是创造力的关键。除了艺术家、设计师、程序员、音乐家和厨师的职业特性之外,领导力、沟通和社区建设等都需要创造力。挑战在于,发现哪些创造性的原则可以加强非艺术学科的巧妙产出。我很高兴能和你们一起踏上这段自我发现之旅,因为你们希望提高自己的创造力,并支持你们学生的创造性产出。这本译著不仅仅是对英文版的《设计点亮教育》的再创造,也是我与你们以及其他中国教育工作者建立联系、向你们学习并因此使自己变得更好的关键。我希望能够继续写作、发展,甚至与你们合作,因为我们在研究如何揭示与生俱来的创造能力,以创新学习,并使之成为一个赋予学生力量、让学生感到快乐的过程。

(翻译:徐品香　校对1:焦隽　校对2:焦建利)

目 录

序 1

前　言 5

第一章　创造力是一种思维模式，不是天赋 1

第二章　失败是旅途中的一站，而不是终点 31

第三章　同理心激发创造力 45

第四章　协作是创新的先决条件 61

第五章　有想法就要有行动 73

第六章　技术只是工具 83

第七章　请勿等待批准 107

第八章　创造力是一种亲身体验 119

第九章　用心去做 131

第十章　保持谦逊 145

第十一章　培养创造力的工具 151

参考文献 161

邀请迈克尔·科恩访问你们学校，参与你们的活动 163

序

唐·韦特奇克(Don Wettrick)
创业基金会(Startedup Foundation)主席，
《真正的天才》(*Pure Genius*)的作者

在过去的五年里，*我参加过几次教育会议，每每听到"尚不存在的工作"之比例不可避免地逐渐上升时，就感到坐卧不宁。你一定听过这一句："当我们的小学生进入职场的时候，他们中70%的人（或者类似的比例）将从事目前尚不存在的职业！"

这通常会让听众大吃一惊，或者使他们思考接下来会出现哪些新的职业。而我想做的却是站起来呼喊："你认为谁会创造这些职业呢？是那些坐成一排、记我们已经知道的东西并等待指示的人？还是那些可以发明创造、承受失败、不断反思和自由协作的人？"

在每次会议上，这种幻想都在我的脑海里闪现过。但我没有勇气，只是在座位上紧张地扭来扭去。

值得庆幸的是，我看到数以千计的教育工作者已经觉醒，对不断变化的就业形势以及适应教育实践的紧迫性的认识有所提高。在我看来，正是因为有了那20%的时间，或"天才时刻"①运动（"Genius Hour" Movement），再加上社交媒体的扩大，才有了这样的发展势头。如今，越来越多的教育工作者、家长和学生在

---

* 中文版页边空处的数字，是英文版原著的页码。本书因为图片较多，个别边码可能缺失或错位。——编辑注

① 天才时刻(Genius Hour)，是谷歌为了鼓励创新，允许员工们将每周20%的时间用于策划、实施正常工作以外自己感兴趣的项目，这20%的时间被称为"Genius Hour"。——译者注

展示令人惊叹的学生作品,并使用像♯GeniusHour、♯20Time、♯Passion-Projects和♯StuVoice这样的话题标签。

七年前,在给英语班的一年级新生介绍了"20%时间模型"之后,我给他们开设了一门名为"创新与开源学习"的课程。我发现,对那些愿意做事的学生来说,每个星期五的20分钟时间根本不算什么。相反,对那些痴迷于GPA的学生来说,那20分钟则是个令人不安的挑战。这让我清楚地看到了我们班学生明显的差异:那些想学习标准课程以外的东西的学生,通常是绩点为C(或更低)的学生和那些绩点想达到A的学生。

七年以后,我对创新、创业和学生动机有了更多的了解,但遗憾的是,我也领教了课程政治。我写了一本名为《真正的天才:建设创新文化并花20%的时间进阶》(*Pure Genius: Building a Culture of Innovation & Taking 20% Time to the Next Level*)的书,讲述我们班前两年的故事。我开始沉迷于让更多的高中对这类课程感兴趣。我一直举办推介比赛、黑客马拉松,甚至到一些创新工作室进行实地考察。但我的工作有一个问题:我把重点放在了选修课上。

后来,我遇到了迈克尔·科恩(Michael Cohen)(别名"技术拉比")。从我认识迈克尔的那天起,我就知道他对任何课程的创意和设计过程都很了解!迈克尔一直与全美各地的创新大师和教师进行交流。他把自己学到的东西以及最近更新过的配套软件都付诸课堂实践。迈克尔就是这样一位身体力行的老师!

迈克尔意识到,在未来15年内,人工智能(AI)、机器学习、无限计算和物联网(IOT)将会淘汰掉数千个工作岗位。我们都目睹了社会悄然发生的这些变化,比如:自助结账通道、自助快餐亭、自动驾驶汽车,还有即将出现的无人机送货。他还知道,专家们一致认为能够自动化的工作将会自动化,因此,教育工作者必须认真研究未来的需求。迈克尔·科恩和其他顶级专家深知,只有那些能够做出可扩展的创新设计的学生,才会成为下一代的明星企业家,所以他们非常注重设计与创新。

完全可以肯定,这本著作既不是理论型的,也不是励志型的(尽管你会发现它具有激励性)。我们都听说过教育专家强调"四C"[①]的重要性,但批判性思维、沟通、协作和创新这"4个C"很多时候都没有超越学校的界限。相反,这本著作

[①] 4C,是指批判性思维(Critical thinking)、沟通(Communication)、协作(Collaboration)和创新(Creativity),它们的首字母都是C。

是一本指南,它会使你变得更具创造力,让同理心指导你的设计过程,教你使用快速成型技术,并教你学会如何与团队真正地协作。

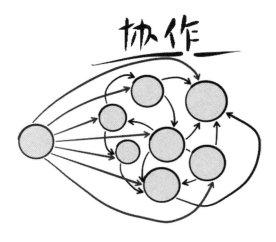

  这本著作读起来就像是一本能激发所有学生创造力的手册。你可以回到各个章节,抑或甚至可以跳过,因为每章都有关于重要技能的见解。但是,最有价值的是,随着迈克尔清晰地分享他的研究经历,你可以走进他的世界。请带着自信阅读这本著作,用笔记做标记,并把你的想法发布到推特上。向学生灌输创新技能和创新精神的使命是至关重要的,作为教育工作者和家长,我们必须率先垂范!

(翻译:焦隽　校对1:徐品香　校对2:焦建利)

前 言

好的教学与好的设计极其相似。

我收到一封邮件。它不是那种告诉你网站已经更新了其隐私政策的邮件，而是来自一个学生的邮件。我想在此与大家分享一下：

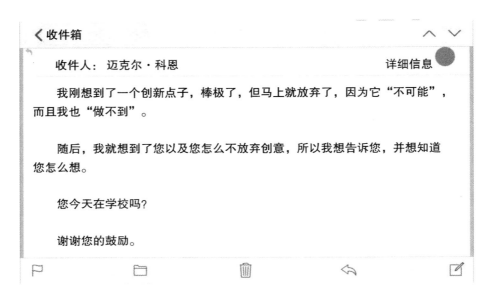

给我写邮件的这个学生有获奖论文，得到了很多荣誉，修读了进阶先修课程，而且绩点也在4.0以上，他的话让我联想到了为什么我每天都做我该做的事情。这个学生，像我教过的很多学生一样，缺乏创新的信心和能力，最重要的是缺乏信念。按理说，这个学生是一个模范学生，他掌握了聚合思维的艺术——为万物寻找唯一正确性的艺术。但是，一旦遇到差异性、多样性或未知情况时，他就感到无助。由于缺乏发散思维经验，所以，他拒绝冒险，害怕失败。

作为教育工作者，我们投入大量的精力，确保我们的学生获得成功人生必备的知识和技能。然而，我们究竟投入了多少时间来确保我们的学生能够成功地融入抽象世界？我们如何让他们为驾驭完全未知的未来作准备呢？我们如何教导他们相信自己的智慧？

创新不单源自知识或技能，它还源自信念——相信自己，相信他人，相信比我们所有人都伟大的东西。我们希望我们的学生相信他们有能力创造某种神奇的东西，但是要实现这一目标，他们必须体验真实学习的自由。我们必须允许学

相信自己,相信他人。

生去冒险，给他们试验的空间，允许他们失败、再尝试。只有这样，他们才能充分利用自己的知识和技能，充分利用这些闪光的时刻。

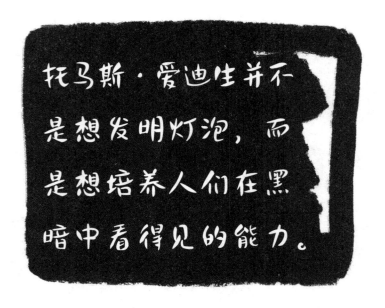

5　　托马斯·爱迪生并不是想发明灯泡，而是想培养人们在黑暗中看得见的能力。我们要帮助学生培养他们的哪些能力？我们怎么帮助他们找到自己的优势所在？我们怎么让他们相信成功不只是用金钱或技能来衡量的？我们怎样才能教导他们根据人们对项目的需求或者它对更大利益的支持来评估项目？那我们自己呢？我们该怎么躬先表率呢？

对我们有些人而言，教育是一种事业。但是，对我们很多人来说，教育是一种使命。我们必须确保我们在工作中找到了自己的优势所在。要做到这一点，我们必须学习设计领域的一些东西。

教育与设计

我们都是教育工作者，也都是设计者。我们每天都在设计新东西！我们的课程、课堂和实践都受到设计过程的影响。设计就是选择平淡无奇的东西，考虑人们对它的要求，揭示其中非常规的和潜在的东西。我认为，所有的教育工作者都是设计者。

2009年,我进入了教育领域。我不认为自己是一个教育工作者,我认为自己是一个设计者、创作者和视觉故事讲述者,偶尔教别人好的设计。2011年,我得到了一份教育技术总监的工作。那时候,我必须做出选择,究竟是搞设计还是搞教育?我选择了后者。我努力开发极好的课程,并将有意义和有意识地使用技术的愿景付诸实践。随着在这个岗位上的成长,我领会到了某种强大的东西。我不必在设计和教育之间做选择了。二者目的都是创造学习机会,利用创造力来解决有趣的问题。

2016年,我离开学校,重新寻找工作中的优势所在。我有机会环游世界,与优秀的教师、领导和学生建立联系。这对我影响很大,使我不仅拥有了崭新的视角、感恩的意识,而且也重新点燃了我为教育作贡献的热情。2017年12月,我在尤拉男子高中(YULA Boys High School)担任创新总监,重点围绕创业精神和创造性思维开发课程,旨在给学生开辟时间和空间去改善和提升他们创造性地解决问题的过程和能力——抓住机会,把事情搞砸,然后适应,并把错误变成更好的事情。

展现创造力

我认为创造力是一种思维模式,而不是一套艺术品。创造力是观察我们自己和周围世界、注意别人没有注意到的东西并为我们发现的问题制定非常规解决方案的能力。我们都有能力拥有这种思维模式,因为创造力来自人本身。创造力并不是老师给予学生的,而是学生展现出来的。

一生中因为害怕别人评价或经历被别人评价而丧失创造力的情况司空见惯。想想上小学的时候,你创作了某种东西,自己感到挺自豪的,但别人却说它不好。你当时的反应如何?这对你造成了什么影响?这些经历是生活的一部分。我们需要做的是帮助我们的学生培养他们的创新信心和创新能力。这个过程从让他们探索开始。

然而,探索并不是放任自流。优秀的探索者会整合合适的工具和资源,召集合适的团队成员,最重要的是,他们拥有正确的思维方式,促使他们在探索的过程中不断进取。

这种探索在K-12教育中是什么样子的?是课后活动吗?是午间选修课吗?是20%的时间吗?无论你从哪里开始,你都必须相信自己正在帮助学生踏上一个重要的旅程。在接下来的章节中,我将分享一些我自己的学生的经历。

创造力是一种思维模式，而不是一套艺术品。

所罗门王（King Solomon）有句名言："太阳底下没有新鲜事。"他指的是各个要素及其潜力，而不是下一代 iPhone 或下一代未知产品。创造性思维模式要求我们用工具和团队改变我们的看法，但最重要的是，我们得尝试。我们必须试试这个。

免责声明：你会失败的。你的学生也会失败的。但是，当失败是旅程的一部分而不是目的地的时候，它就能够促使你们取得显著的进步。记住，失败是成功之母。

技术与设备无关；关键是我们能用它做什么。我们必须研究技术如何帮助我们的学生成为了不起的设计者、作者和创造者，创造出令人惊叹的作品。

我们必须让我们的学生知道，学习并不局限于课堂，学习机会无处不在。这意味着向我们的学生灌输一种信念，即完美不应妨碍他们制作和发表为他人提供价值的作品。

我们必须向他们展示有目的的设计过程的影响力，套用赛斯·戈丁（Seth Godin）的话说，就是发布他们的作品，并在世界范围内推广。

我相信创造力深深地植根于仁慈、善良、良好的道德品质和在世上行善的愿望。

创造力是一个社会化过程。

所以，我问你，我们怎样才能将 20% 的时间变成 100% 的时间？

你会给你的学生开辟掌握新技能的时间和空间吗？

当他们把一个在世上行善的想法变成可以付诸行动的方案时，你会指导他们吗？

你会因为它能给他人带来益处而让你的学生有信心与世人分享其天赋和才华吗？

这就是我撰写这本书的原因。这些学生，他们精通学校的游戏，却不相信自己，也没有信心去冒险，由于害怕失败、或者更糟的是害怕变成失败者，所以他们会把一些极好的想法丢掉。这就是为什么培养学生的创造性思维是至关重要

太阳底下没有新鲜事。

的，这也是我们的学生所需要的——不仅要在当今世界取得成功，还要为明天的世界创造一个新的现实。

> 当失败是旅程的一部分而不是目的地的时候，它可以使人取得显著的进步。

这听起来可能很理想化，但我认为这是一个改变我们学生教育面貌的机会。除了信息和知识的获取、核心素养的培养之外，我们还可以帮助我们的学生培养其创新的信心以及实验和完成世界上不可思议的事情的能力。

这就是接受教育和接受基于设计的教育的差别，即聚合学习体验和发散性思维学习体验的区别。

如何阅读这本书

撰写这本书的时候，我就希望以一种能够吸引你一口气从头读到尾的方式来写作。这种愿望与书中关于如何设计有意义的、以学习者为中心的体验的大部分内容背道而驰。

我希望你不只是阅读这本书，而是要把它铭记在心。我在这本书中使用了322次"有创造力"一词的派生词。这是因为，我希望每一个阅读这本书并因此而帮助他人的人都能够照着镜子高喊："我有创造力！"

毫无疑问，这本书是建立在自身之上的，但每一章也是独立的，允许读者加强特定技能或回顾关键概念。每一节的各个部分都聚焦于思维模式、技能和实施。

为了将实施与思维模式和技能联系起来,我就如何成功应用这三者提出了一些总体思路。在这本书的后面,你会发现全面规划的具体项目,看看我们每个人怎么选取自己需要的思维模式和技能,并将其应用到独特的课堂情境和环境之中。

创造力是一个社会化过程。

创造力是非常个性化的

创造力关乎问题解决,也关乎个人品牌。在当今世界,仅仅发明一些东西是不够的;你得拥有一个能够体现你想给世人带来益处的品牌。就我而言,我不仅仅是一个教育工作者、设计者、不懈努力的创造性思维者(如果你没有努力,你就没有创造性地思考),我还是一个虔诚的犹太人(a Chassidic Jew)和拉比(a Rabbi)。技术拉比(Tech Rabbi)这个品牌就是将两个截然不同的领域融合在一起,让世界充满仁慈和善良。在2018年举办的国际教育技术学会(ISTE)会议上,有一位穆斯林妇女走近我,问我是如何平衡技术和宗教生活的。我就和她分享了如下节选自一本叫作《日常格言选集》[*Hayom Yom*(Day by Day)]书里的一段话:

> "上帝的任务就是把精神的变成物质的,而每个人的任务则是把物质的变成精神的。"

这就意味着世界上包括技术在内的所有工具的目的就是为我们和我们周围的人发挥积极的、良好的和建设性的作用。作为一个拉比，我全力以赴引导我周围的人成功地完成这项使命。作为一名教育工作者，我全身心地支持我身边的教师和学生独立完成这项使命。简而言之，我们的使命是利用当今的技能和创造性思维，让世界变得比昨天更美好。

我意识到我担任设计者的经历对我的教学实践产生了多大的影响，所以在2017年我启动了《设计点亮教育》项目。这并不是说教育工作者得辞掉自己的工作，成为设计者和创意指导，但我相信我的经历可以成为我们思考如何更好地吸引和支持学生的有益借鉴。我要说的是，我认为所有教师课程都应该设置两到三门探究性课程，以帮助职前教师培养自我意识、激发他们的热情。这两点实际上犹如《设计点亮教育》配方中的面粉和糖。不管怎样，每个人都能够培养和掌握这两个方面，以改进创作过程，提升创新能力。

创造力远不止你拥有的才能。它是你思考和看待周围世界的方式。设计师直面问题。他们的生计依赖于帮助解决别人无法解决的问题。听起来很熟悉吧？应该是的，因为在创意专业人士之外，教育工作者是少数负责将抽象潜力转化为有形和可衡量的东西的专业人士之一。设计有类似的启动点。你有一个客户，他有一个想法，甚至可能是一个愿景，你负责将这个愿景具体化为清晰、简洁和持续的东西。就拿我来说吧，作为一名设计者、教育工作者和一个努力拥有成长型思维模式的人，我发现设计过程和教学、学习之间有着许多强大的关联。

我曾经有一个客户聘请我为他们公司创建一个企业标识。这意味着不仅仅是为他们设计一个如同名片、信头或标牌之类的东西，而是必须把所有这些元素融合在一起，传达代表公司最佳品质、成就和特点的信息。这个过程是漫长而艰难的，其间屡遭挫折和失败，当然，这些我作为设计者也要承担。那个客户根本没有意识到我是专家，也没有意识到我的建议才是成功必需的。我听不到他们的意见，只要我的指导不是最终的，那个项目就会停滞不前，而我也不会让步。就在那一刻我领悟到，将客户服务、质量保障和谦逊的态度融合在一起很有效。可是，我怎样才能让客户做出正确的决策呢？我怎样才能舍弃我所知道的那些好的设计原则来让客户满意并获得他想要的结果呢？这会使我成为什么样的人呢？一个骗子？一个新手？一个二流设计师？这种微观的视角错失了一些宏观的机会。要知道，好的设计是关于人的。迪特·拉姆斯（Dieter Rams）曾经说过："如果你不了解人，你就不可能懂得好的设计。"因为每一个人都依赖于另一

EVERY EDUCATOR is a DESIGNER for SOMEONE

每一位教育工作者都是一个设计者。

个人建立价值和意义。最后,我决心将客户及其需求放在首位。这将确保我会为他们而不是为我自己设计出最佳产品。

这个故事是不是听起来很耳熟呢?你可能不认为自己是一个设计者,但实际上你就是一个设计者。我打算通过下面的故事向你证明这一点。

我曾经有一个学生,我教过他高级写作课。我的工作是教他们基本的语言能力,比如:阅读、写作和口语交际,以及如何把它们连接起来以传达体现学生优秀品质、成功之处和良好性格的信息。这个过程是漫长而艰难的,其间屡遭挫折和失败。当然,这些是我作为老师必须承担的。那个学生根本不知道我是专家,也不知道我的建议才是成功必需的。我听不到他的意见,只要我的指导不是最终的,他的学习就会停滞不前,而我也没有让步。就在那一刻我领悟到将客户服务、质量保障和谦逊的态度融合在一起很有效。但是,我怎么才能让我的学生做对呢?我怎样才能舍弃我所知道的好的教学原则来让学生满意并获得他想要的结果呢?这会使我成为什么样的人呢?一个骗子?一个新手?一个二流教师?这种微观视角错失了一些宏观机会。要知道,好的教学是关于人的。迪特·拉姆斯(Dieter Rams)曾经说过(不完全如此):"如果你不了解人,你就不可能懂得好的教学。"因为每一个人都依赖于另一个人建立价值和意义。最后,我决心将学生及其需求放在首位。这将确保我会为他们而不是我自己的最佳学习提供支持。

我希望你能够珍惜这个机会。很少有职业像教学和设计这样存在有趣的共通之处。我在市场营销、非营利性管理和销售领域都做过尝试,我有这三个领域的专业背景。我发现,好的设计是名副其实的,好的教学也是如此。

无论是在设计的过程中,正在为别人设计,还是此刻你成了想法和它的实现之间的鸿沟,我都相信,教育工作者如果把设计的一些元素融入他们的思维和课堂教学之中,一定能受益良多。

上述方法在教育领域并不新鲜。你可能很难找到一所不提倡以学生为本或以学生为中心的学校。在实践中,有太多因素制约、影响和阻碍我们去支持这个层级的学生。这是否就意味着设计是学生成功的神奇秘诀?它可能不适用于每个教室里的每位老师和每个学生?不过,我相信我作为一名教育工作者和一名支持教育工作者的管理者的成功大部分归因于我对好的设计的理解。

2017年6月,我有幸成为美国国际教育技术协会(ISTE)会议的主题演讲嘉宾之一。这对我来说是一个绝佳机会。在一个能够容纳10 000人的会场发表演讲,我觉得这是对我作为一名教育工作者、演讲者和企业家多年辛勤工作的一种极好的证明,

但我还是害怕站在讲台上。我曾经面向成千上万的受众发表过演讲,我非常喜欢演讲。我爱讲故事,也爱编故事,我的故事引人入胜。我利用我的艺术天赋制作幻灯片帮助扩大这一历程,其中许多内容也都包含在这本书里。尽管如此,我依旧胆怯。我不怕那么多人,我也不怕我会笨嘴拙舌地说话或遗漏重要的观点,而我害怕站在讲台上分享我的创新勇气和能力,害怕听众中的优秀教育工作者们可能会想到这五个最可怕的词:

"他说得对!但我做不到。"(He's right! But not me.)

发表完演讲,在掌声和欢呼声中沉浸片刻后,我回到后台,瘫倒在沙发上。我打开推特,看听众的回应。我发现成千上万的教育工作者拍了我的幻灯片,并发了推文。我看到他们表达了感激、感谢、兴奋和信心,但最重要的是,我看到他们相信了。他们相信,只要有机会,他们就能创造,他们的学生也能表现自己的创造力。我花了好几个小时浏览所有的信息,当我试着与每个人互动、回复每一条信息时,我也相信那些听众、那些了不起的教育工作者不只是在想,而且还在说:

"他说得对!我做得到。"(He's right, I can do this!)

我不知道把这个故事嵌入这本书的什么地方,就把它放在这里了,这是因为我们作为教育工作者、导师和顾问必须认识到我们有天赋、有才华、有技能,但是这些都是上帝赐予我们的。归根结底,我是一个拉比,所以对我来说,它是全能的上帝。我们每个人都与我们更高的力量达成了共识,那就是比我们自己更伟大的东西。拥有它,当你继续踏上无私奉献的征程,做一名老师、一位培训师、一把引领你教室里的宝贝们的火炬时,你就有了依靠。只有当你做一些伟大的事情并为他人带来益处的时候,谦逊才会存在。这就是你在认识到自己的伟大之处并懂得如何重视与你交往的人而不是他们为什么看重你后发生的变化。

我不会说谎;那次主题演讲之后,我拍了大约 300 张自拍照,其中既有让人不舒服的,又有令人惊奇的。但是,它让我明白,当你为他人带来益处时,当你为他人的成功付出自己时,你就会成就伟大,不过,你得永远记住:

永远不要停止创造。

让我们在创造的旅程中携手同行。请在 Twitter 和 Instagram 上用标签♯EducatedByDesign 创建、获取和撰写你的经历,并加我的标签@TheTechRabbi。

你可以在 THE TECHRABBI.COM/EBD THE BOOK 上查找这本书里提到的链接,甚至更多资源、建议和妙计。

(翻译:焦隽 校对1:徐品香 校对2:焦建利)

第一章

创造力是一种思维模式，不是天赋

我们在地球上的使命是认清——我们内外的——空虚并填补它。
——卢巴威彻·雷贝（The Lubavitcher Rebbe）

如果你看对了的话，偶尔你会在最奇怪的地方看到光。
——感恩而死（Grateful Dead）

创造力是什么？

当我问人们这个问题时，他们的回答倾向于将创造过程与天赋联系在一起，通常都是艺术或音乐方面的东西。但真正的创造力并不局限于艺术。创造力能够激发无数的天赋、技能和才华，因为它源自一个人的内心。创造力是火花、催化剂，是以新的或意想不到的方式看待问题——甚至是生活本身的动力。创造力在有天赋的人发挥自身的才华时显现出来。它显现于他们的思考、好奇、探索和对未知的拥抱之中。正是这种思维模式使他们的才能得到很好的发展。

那么那些不懂艺术和音乐的人呢？那我们这些不会跳舞、唱歌、绘画、雕塑、手工制作、表演的人呢？创造力对我们来说是怎样的呢？我认为它必须采取一种不同的形式——不是集中精力从无到有地创造什么，而是集中精力将一些东西创造成更多的东西。今天，创造力对我们的思想、灵魂以及我们看待周围世界的方式提出了更高的要求。

我在学校长大，得知创造力不是一份工作。而今我的工作就是发挥创造力，帮助他人培养相同的思维和策略，以实现上述目标并超越他们的目标和期望。

我已懂得，并不是生活中需要知道的一切都是在学校里学到的，学习什么或者成为什么永远都为时不晚。西德尼·弗兰克（Sidney Frank）七十多岁的时候已经是一位很成功的商人了，本可以继续维持现状，但他却开发了灰雁伏特加（Grey Goose Vodka）生意。在创造出新的伏特加仅仅八年之后，他就以二十亿美金的价格将其卖给了百加得（Bacardi）。他向世人证明，创造全新的、伟大的东西永远都不晚，创造力可能就在眼前。七十岁的西德尼·弗兰克尚且如此，我们没有理由不创造。

对骤变的恐惧使我们中的许多人陷入现状，害怕可能失败。2016 年，我参加了 SXSW 教育会议。当时我肩上挎着一个邮差包，满脸疲惫，住进了奥斯汀市中心的一家酒店。接待人员微笑着问我来奥斯汀干什么，我告诉他，我是来参加会议的，要在会上讲如何培养创造性思维，以便更好地发现问题并为我们所面临的挑战寻求解决方案。他嘻嘻直笑，就像他之前的许多人一样，说着诸如"我希望我更有创造力"或"我没有创造力"之类的话。尽管他在奥斯汀的豪华酒店担任礼宾员期间还在攻读电影制作专业的硕士学位，但不管怎样，还是有什么让他确信他缺乏创造力。这是什么呢？这是我们的学校教育吗？长达 12 年解决

我没有创造力……

线性问题,这能否解释我们倾向于通过标准化考试的视角来看待生活中的挑战呢？也许能。令人高兴的是,虽然我们目前的教育体系可能不是为创造性思维而设计的,但培养创造性思维模式还是有可能的。

现行的教学模式在学生6岁左右就开始扼杀他们的创造力、好奇心和求知欲。这种现象极其严重,以至于诸如探究式学习之类的教学模式不仅可以存在,而且还被认为是革命性的。

是不是任何创新发明、工艺或方法都是在未经调查的情况下实现的？

回头想一想这个问题。我们的教育体制是一个旨在让年轻人为成功的未来做好准备的体制,其设计是这样的,即基于提出问题、难题和设想并寻求解决方案的学习模式可视为创新性的学习模式。现在不要误会我的意思;我认为探究式学习是一个了不起的概念,但它的诞生源于一个线性和多项选择的标准化学习系统。那么我们如何将教育与很快被扼杀的创造力和好奇心重新融合在一起呢？我们如何将它融入我们的教师实践、课堂学习以及学校和机构的文化中？第一步是打破创造力是一种天赋的荒诞说法以及将创造力等同于艺术、音乐或其他表达技能的刻板印象。

当我们终于明白创造力是一种将我们的想象力与周围世界融合在一起的思

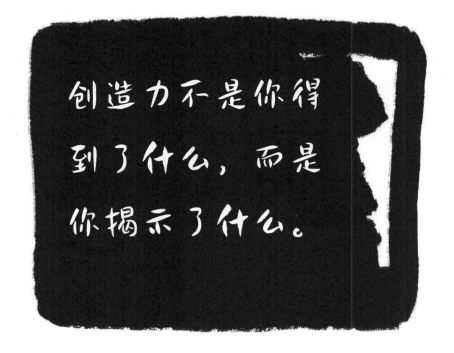

创造力不是你得到了什么,而是你揭示了什么。

创造力更多的是你如何思考,而不是你做什么。

维方式时，真正的创新就可以产生了，它不需要达到发明灯泡的水平。一年级学生的创新对于九年级学生来说可能不是开创性的，重要的是要记住，在分析不同年龄段的创作过程时，价值是主观的。创造力是一种思维模式，而不是一套艺术品。

正如我之前所说的，创造力并不是你得到了什么，而是你揭示了什么。这涉及发散思维，即一个由心理学家吉尔福德（J. P. Guilford）创造的术语，用来描述通过产出尽可能多的解决方案来创造想法的过程。解决问题的发散思维方法与今天的教育体系形成了鲜明的对比，后者建立在聚合思维的基础上，是一种发现唯一"正确"答案的方法。

我相信发散思维和聚合思维在生活中都有作用，但当我们创造新的想法和问题解决方案时，创新实践和过程则更有可能蓬勃发展。我们经常将创造力和原创性联系起来。虽然它是一个因素，但并不总是必需的，而且很多时候，是对已经存在的东西的改进引发了创新。

你的创造性思维有多发达？

在这本书后面的配套软件中①，你会找到一个链接到托伦斯创造性思维测试（TTCT）样本的链接。测试一下你自己，并给你的学生一个用它进行测试的机会，这样就可以了解我们的创造性思维有多发达。如同在马拉松训练中评估自己，它有助于了解你现在能做些什么以及你希望取得的进步。

功能固着障碍

如果我们愿意改变我们的思维，那么接下来该怎么做呢？我相信这可以从史蒂夫·乔布斯（Steve Jobs）的话语中找到答案。他在1994年的采访中说："创造力是连接事物的纽带。"我们将人、地点和想法联系起来的能力植根于我们看待世界的方式，反过来，这种世界观决定了我们克服创造力的最大障碍之一（功能固着）的难易程度。

---

① 中文版版权中并不包括配套软件。——编辑注

CREATIVITY is a [MINDSET] not an [ART SET]

— THE TECH RABBI —

创造力是一种思维模式,而不是一套艺术品。

技术拉比

> FUNCTIONAL FIXEDNESS IS ONE OF THE GREATEST OBSTACLES OF CREATIVITY.
> — THE TECH RABBI

功能固着是创造力最大的障碍之一。

什么是功能固着？这是一种认知偏差，导致无法以新的方式使用已知对象。通俗地说，这意味着盒子是用来装东西的，鞋带是用来系鞋的，如果你的牙齿里没有塞任何东西，牙签是没有用的。围绕功能固着的研究在20世纪40年代中期开始形成，当时格式塔心理学家卡尔·邓克（Karl Duncker）开始研究我们用有限而熟悉的资源解决问题的方法。他最著名的活动"蜡烛问题"对你来说可能很熟悉。我第一次是在丹尼尔·平克（Daniel Pink）的书《驱动》（Drive）里看到它的，但出于某种原因，我没能讲我以前就看过它。我真的重温了我读研究生时期的教育心理学教科书，这个在第8章会提到！

这个问题如此严重，到底是怎么回事呢？在研讨会上，我看到一些人在不到五分钟的时间内就解决了这个问题，而另一些人则费了半个多小时才找到解决方案。这个问题有助于我们了解阻碍我们寻找新颖而非传统的解决方案来应对我们面临的挑战的心理障碍。克服这种功能固着的一种方法就是参与不同的体验，并与具有不同背景的个人互动。

在成为一名专业教育工作者（我一直认为自己是一名教师）之前，我曾是一名设计师、艺术家、战略营销人员（如今被戏称为讲故事者）和一名商人。我认为所有这些经历影响了我的思想和教育方法的发展。不要误会我的意思——我不是在呼吁老师找第二份工作，也不是在质疑教师课程、证书和高级学位的有效性（毕竟我有教育硕士学位）。我是在强烈建议每一位阅读这本书的人，在寻求磨炼其教育技能的同时，使其资源和联系多样化。培养创造性思维的真正的第一步是找到各行各业的创造性人才并向他们学习。

向创造性人才学习

以下是那些对我产生影响、启发我转变思维并帮助我取得成功的人员名单。他们才华横溢，富有创造力，适应力强，最重要的是，很有耐心——一个不难拥有的特点。他们是核心领域的领导者，我认为这对于学习创造性思维方式至关重要。

企业家

加里·瓦伦创克（Gary Vaynerchuk）是一个连环创业者、媒体营销大师、作家和社交媒体达人。他也像水手一样咒骂，这让拉比支持他有点尴尬。最后，他告诉我，只要有耐心，坚持下去，并投入工作，任何人都可以做到，这对我来说都是千真万确的。

* Twitter：https://twitter.com/garyvee

* Site：http://www.garyvee.com

* Content：https://youtu.be/1CIbiB7-YYg

塞斯·戈丁（Seth Godin）是一位企业家、作家和演说家。他出版了十八本畅销书，其中许多对我和我的工作都产生了重大影响，包括《关键时刻》（*Linchpin*）和《轮到你时该怎么办（而且总是轮到你）》》[*What To Do When It's Your Turn*（and it's always your turn）]。我们怎样围绕我们能为他人带来的价值以及"把它传播出去"并推向世界的需求这个主题交流想法、建立信心？他对这个问题的见解不仅鼓舞人心，而且对帮助我们的学生为明天作好准备提供了切实可行的指导。

* Twitter：https://twitter.com/ThisIsSethsBlog

* Site：https://www.sethgodin.com

* Content：https://youtu.be/xBIVIM435Zg

设计师

约翰·梅达（John Maeda）是教育和商业领域的设计师、技术专家和创意领航人。作为罗德岛设计学院（RISD）的前任院长、麻省理工学院媒体实验室的教授和初创公司的顾问，他掌握了设计和创造性思维可以影响企业取得成功的方式。

* Twitter：https://twitter.com/Johnmaeda

* Site：https://www.maedastudio.com

* Content：https://www.designintech.report

大卫·克里（David Kelly）是一位企业家、设计师、工程师和教师。他是IDEO设计公司的创始人和斯坦福大学的教授。自从2012年我第一次看到他的IDEO团队出现在一集《晚间报道》（*Nightline*）里，他的工作就对我产生了巨大的影响。随着我自己的设计思想的不断发展和演变，我开始将他视为一位远

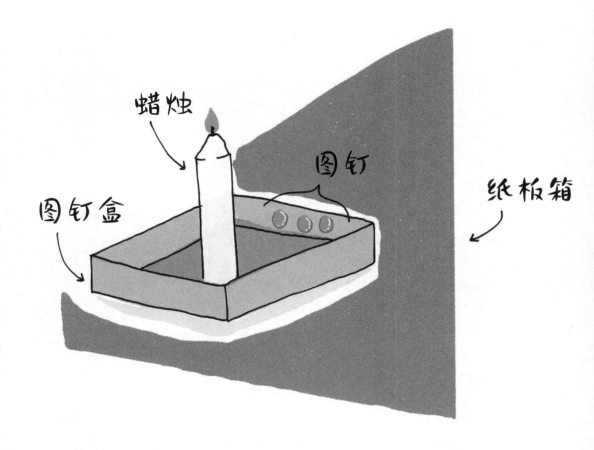

程导师。

* Twitter：https://twitter.com/kelleybros

* Site：https://www.creativeconfidence.com

* Content：https://www.youtu.be/M66ZU2PCIcM

工程师

蒂娜·西利格（Tina Seelig）是斯坦福大学科技创业项目的负责人，著有很多书，包括《我希望我20岁的时候就知道》（What I Wish I Knew When I Was 20.）。她的书永远改变了我的生活，我写这本书的时候多次凝望着她。

* Twitter：https://twitter.com/tseelig

* Site：http://www.tinaseelig.com

* Content：https://www.youtu.be/gyM6rx69iqg

发明家

埃隆·马斯克（Elon Musk）可能是历史上最伟大的发明家和工程师之一。在过去的十年里，他改革创新的企业比某些人一生中所能做到的还要多。他发明了第一枚可重复利用的火箭，也发明了最快、最具史诗意义的电动汽车。除此之外，他还是一位伟大的慈善家，以行动帮助有需要的社区。他对我和我所做的工作都是一个巨大的鼓舞。

* Twitter：https://twitter.com/elonmusk

* Content：https://www.youtu.be/QygpalJclm4

创意领袖

肯·罗宾逊爵士（Sir Ken Robinson）是一名作家，同时也是国际艺术教育方面的演讲者。他在2006年发表的关于学校如何扼杀创造力的TED演讲对我这个教育工作者以及这本书的内容产生了重大影响。

* Twitter：https://twitter.com/SirKenRobinson

* Site：http://www.SirKenRobinson.com

* Content：http://bit.ly/Robinson-ChangingEducation

既然我们愿意转变我们的思维并拥有激励我们的资源，我们就必须克服创造力的第二大障碍，即失败。无论我们尝试什么，第一次、第二次、第十次都不可能成功的概率很大。我们必须要有耐心,善于反思,并长期全力以赴,不要让短期的事情告诉我们,我们的努力是不值得的,或者世界本来就很好。在今天的教育体系中,当某件事第一次出现不完美或表现不佳时,我们便将其归咎于失败,给予适当的字母等级,然后接着做其他事。对于一个具有创造性思维的教育工作者来说,挫折不仅是一种可以接受和预见的风险,而且是通往成功的跳板。对于一个具有创造性思维的教育工作者来说,失败并不意味着放弃愿望。它意味着放慢脚步,调整心态,换个角度看待问题,甚至与新人合作集思广益。最重要的是,它有能力拥抱未知,并寻求其他人的帮助——学生、同事、导师,甚至是竞争对手——与你同行。

超越天赋的创造力

当被问及创造力是什么时,我们不可避免地会把它与所做之事联系在一起——比如艺术、音乐和烹饪天赋等,而不是可以发挥这些才能的思维模式。这种倾向不是我们的错。在词典中查找创造力,你会发现一个定义,侧重于原创想法和艺术作品。我对创造力有不同的看法。我认为创造力首先是一种思维模式、一种思维过程、一种分析我们周围世界的方法。同时,它还是一种体验,它不仅仅是从无到有,而是把一些东西变成更多的东西。

所罗门王在《旧约圣经》(传道书 1:9)中说道:"太阳底下没有新鲜事。"(There is nothing new under the sun.)这句话很有说服力,因为它提出新的东西不是在虚无中发现的,而是在我们生活中发生的各种事情和经历的混合重组中发现的。它指的是发明和创新。这句话一直伴随着我作为艺术家、设计师和教育工作者的职业生涯,它所传达的思想是我每日生活的信条。我一直热衷于教学和帮助他人。当我考虑把圣经的智慧与现代创新思想联系起来时,我发现史蒂夫·乔布斯的许多见解都充实和扩展了所罗门王的言论。乔布斯的整个非传统生活都以创新为标志。他不允许传统、趋势或大众的期望支配他如何改变世界。在乔布斯看来,创造力就是建立联系,拥有不同的经历。他在 2005 年的"斯坦福大学毕业典礼致辞"中分享了一个故事,讲述他是如何在大学退学后才得以选修他感兴趣的书法课的,然而由于一系列的条件限制,他在入学时未能选修。我并不是建议我们的年轻人大学退学,但无论如何,值得注意的是,尽管学校努力为学生提供多样化和广泛的体验,但在 K-12 中发生的大多数学习都产生于

预先定义的、具有单一结果或预期的标准化体验。事实上,创造性思维是通过各种各样的体验来实现的,这些体验要求你找到并非以线性方式存在的问题的解决方法。

像设计思维这样的创新性问题解决模式在处理大型复杂问题方面非常出色,但这种多样化的体验就连日常生活中最简单的挑战都能帮你提出新颖的解决方案。培养创造性思维模式,像设计师那样思考,需要开阔眼界。对教育工作者来说,这可能意味着要撒下比先前预期更广的网。拓宽思维和丰富经历的一个有效方法是与你们学校或机构,甚至其他领域的同人保持联系。

我曾经在一所国立重点大学举办过一次设计思维研讨会。令人惊讶的是,研讨会的参加者是来自商学院、健康学院、音乐学院、科学学院和工程学院的教授,组成了一个多元化的群体。这些教授素未谋面,学生人数超过 30 000 人,这并不奇怪。那次研讨会更多地是教他们了解和使用设计思维的方法。那些教育工作者具有不同的背景和经验,能够以原本不可能的方式解决难题。通过移情和思考,他们能够更好地理解并开始解决学生在大学面临的一些挑战。有些小组选择寻找使学习更加真实的方法,有些小组则试图通过从事有意义的工作来让学生努力超越"获得 A"。在观察他们的工作时,我想,如果这些小组由相似学科的教授组成,那会发生什么呢?他们会更自在吗?是的。他们会更快地提出想法吗?很有可能。缺乏多样化的经验和专业知识是否会限制他们的创造力?这很难说,但当我看到音乐、商业和生物学教授融合了他们独特的背景和学习方法、以新颖和创造性的方式解决学生参与的问题时,我敢说是的。

这些类型的社交互动和参与对于培养创造性思维至关重要。请记住,创造力涉及广泛的思考,它是通过超越我们自己和我们最亲密的同伴和同事寻找灵感来实现的。在担任教育信息技术主任的时候,我的职责之一就是解决我的团队中没有人能够解决的技术问题。有一次,我坐在空荡荡的体育馆里,试图用我工作的 K-8 学校的演示设备解决这样一个问题:MacBook 能够通过 HDMI 电缆投射视频,但无论我怎么做,都无法让音频达到同样的效果。由于无法解决这个问题,我决定在 YouTube 上搜索,看看是否有人已经解决了这个问题并创建了逐步解决这个问题的教程。我没有意想到的是,我打开了投影仪,我所有的活动都被投射在大屏幕上,此刻一个八年级学生在门口看着我。当我搞完并转身离开时,我惊讶地看到她站在那里。她说:"拉比科恩,我不知道你需要油管(YouTube)来解决问题。我以为你对科技了如指掌呢。"就在那一刻,我学会了某种强大的东西。一是一定要检查投影仪是否打开。二是学生（或者至少我们希望他们）对了解我们教育工作者如何学习的兴趣和他们对学习内容的兴趣是一样的。这次会面的结果促使我设计了一门选修课，其中包括一个单元，专门讲如何有效地在互联网上搜索解决问题的方法。再次重申一下，它不是让你自己提出新的想法，而是让你以新的方式使用你所拥有的。

形成创造性的思维模式

创造性思维模式在某种程度上是通过与我们领域以外的个人接触来丰富我们的经历和思想而形成的，特别是当我们已经处于一种没有计划使自己的工作经历多样化的职业心态时。请记住，创造性思维是导致创造性操作的原因，而不是相反。想想今天的科技进步，想想我们能做些什么。想想那些简化了的流程和活动，曾经是高中阶段的活动，现在连幼儿园儿童都能够完成了。我说的是视频制作，这项技能曾经需要多种设备和数小时的培训。现在它可以用在小学课堂上——轻松自如地——教授孩子们有关蝴蝶的知识。今天，全国各地的一年级学生定期编写、拍摄、剪辑和制作自己的教育电影。你想想看，这真是太绝妙了！更重要的是，通过观看在线视频、注册大规模开放在线课程（Mooc）或参加一流大学的在线课程，了解教育资源的进步，这些资源能够使你获得几乎任何方面的技能。

技术已经改变了我们的世界，并继续为我们提供无数探索创造力的方式。机器人可以被编程来画蒙娜丽莎，在钢琴上演奏莫扎特，同时还可以烹饪由森本（Morimoto）设计的菜肴。但是，如果创作过程缺乏深思熟虑、激情和灵感，那也不过是模仿而已。真正的创造力源于影响人们并改变他们周围世界的愿望。它可能发生在教室或办公室里，可能从你当地的社区和其他地方传播开来。虽然为了创造而创造是可能的，但正是社会联系将创造力推向了新的高度。

运用创造性思维

从本质上来讲，创造力就很难。它需要努力工作、实践和投入。挑战在于，

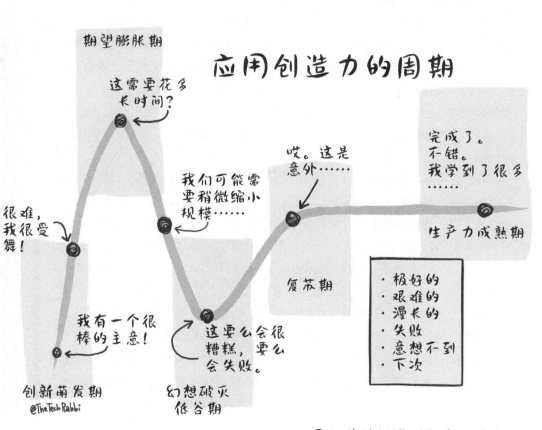

创造力在最好的情况下是抽象的,在最糟糕的时候是模棱两可的。创造力究竟从哪里开始? 又在哪里结束呢? 当你决心将创造性思维应用于特定问题或项目或倡议时,你将如何进行呢? 大多数人在踏上创意之旅时,都会兴奋地检验自己的想法。真正激励我的模型就是加特纳集团(Gartner Group)每年都发布的模型。加特纳技术成熟度曲线(Gartner's Hype Cycle)①(一个非常棒的名字)就是一个模型,该公司用它来预测目前主流消费者采用新兴和成熟技术的速度。多年来,我看到他们发布更新的周期,看着虚拟现实和增强现实艰难前行,智能微尘②似乎陷入永无止境的状态,我开始了解这个曲线如何应用于其他主题,包括创作过程。我这么做的原因是,我发现应用创造力是一个循环的过程,一个不断重复的循环。创造力不是你努力、完成、就完成的东西。从发明家和艺术家到《财富》500强的首席执行官(CEO),他们在审视自己的想法、经历、项目或产品时,都具有反思和完善的品质。

我们都有很棒的想法。我们是否有信心去进一步发展这些想法,这就涉及观念的转变。问题是,一旦我们投入精力去发展一个想法,这项工作就会变得更加艰难。我们想知道需要多长时间才能完成这个项目,我们还会考虑缩减项目规模。有时,我们甚至跌入低谷,开始考虑"要么成功,要么失败"。我们认为,我们唯一可能的结果就是完全验证或完全蒙羞,我们不可能在第一次就成功,那么为什么还要尝试呢? 于是我们放弃这个想法,把它留给别人去解决。这听起来很熟悉吧? 绝对熟悉。这种自我挫败的思维过程很常见,我们都经历过,但我们的绝妙想法绝不能就这样结束。我完全相信,克服疑虑和恐惧,向未知迈进是可能的,即使明显会失败。要做到这一点,你需要聆听他人战胜失败和逆境的故事。你需要让你的学生去调查,找到他们心目中的偶像首席执行官、企业家或发明家,就像他们在体育运动员、音乐家或演员那里找到同样的偶像一样。接下来是参与一个小型的、基于挑战的体验,让失败成为一个可以反思和改进的契机。

如果我们克服了这一点,我们就会给自己带来惊喜,体验意想不到的结果,并且还会认识到,我们不仅完成了项目,而且还为下次学得了很多东西。这是因

---

① 加特纳技术成熟度曲线(Gartner's Hype Cycle)描述了一项技术从诞生到成熟的过程,并将现有各种技术所处的发展阶段标注在图上,为一些行业的发展作出很好的预测。——译者注

② 智能微尘(smart dust)是指具有电脑功能的一种超微型传感器,可探测周围诸多环境参数,能收集大量数据,进行适当计算处理,然后利用双向无线通信装置将这些信息在相距1000英尺的微尘器件间往来传送。智能微尘的应用范围很广,除了主要应用于军事领域外,还可用于健康监控、环境监控、医疗等许多方面。——译者注

为创造辉煌是艰难而漫长的。如果我们失败了或是遇到了意外，我们要为下一次作好准备。我再怎么强调下一次的重要性也不为过。在教育方面，我们必须改变我们的方法和价值观，即体验必须一蹴而就，这样我们才能继续做下一件事。

让我们来实践一下。我想挑战你，就像我在研讨会上挑战其他人一样，和我一起踏上实践之旅吧。我们讨论了"蜡烛问题"，但其他活动呢？如果我们在教一群一年级学生，而火柴和蜡烛不是选项，我们该怎么办？这些活动中有些是受他人启发的，有些是我自己的。这一切都始于一袋乐高积木和丰富的想象力。很多时候，如果我问及研讨会参与者他们的创造力和想象力，他们可能会说他们没有，但如果我强迫他们发挥创造力，奇迹就会发生。在一次了解学习风格的研讨会上，我让参与者做了一份简短的学习风格问卷。每组参与者坐在一张桌子旁，中间放着一袋乐高积木。当我们讨论对视觉、听觉和动觉学习的各种见解时，我在参与者愿意的情况下邀请他们参与乐高积木拼图。在研讨会即将结束时，我们再次关注乐高积木，并记录了不同参与者对乐高积木的使用情况。在给他们的自我评价打分后，我们谈论了我们自己的优势、劣势以及原因，其中我们自己的优势和劣势最让我们吃惊。我们发现，就连那些在动觉学习方面表现最弱者也会以某种方式拼接积木。有些人把它们并排拼在一起，有些人把它们简单地摞起来，还有一些人试图用它们创造某种东西。乐高在这项活动上有自己的创意。挑战是用六块积木（四块黄的、两块红的）拼成一个鸭子。说明很简单，拼鸭子。这六块积木暗示了一种直截了当的方法，但随之而来的简直令人惊奇。"什么是鸭子"，六块乐高积木可以拼出二十多种不同变体和表现形式的鸭子。这六块积木你都用了吗？那些扁平的积木做鸭子的脚吗？它们做鸭子的嘴吗？它们做鸭子的翅膀吗？甚至需要有人知道你的鸭子是鸭子吗？正是这些问题激发了创造性思维。受乐高活动和其他发散思维体验（如回形针挑战）的启发，我开始思考"乐高轮子有多少用途？"结果就找到了另外一种有趣的方法，即在学生开始收集各种"蠢主意"并意识到其中隐藏着一个极好的主意时，向他们介绍创造性地解决问题。当你试图"让乐高轮子派上用场"，或者更好的是，发现它在你的乐高世界除了运送乐高玩偶之外的新奇用途时，它真的激发了你的创造力。

对于小学生来说，应对具有多种答案和结果的问题、挑战是鼓励批判性和非线性思维的好方法。潜力在于我们的小学生要早早学会体验比他们的想法和经历更重要的东西，以便随着年龄的增长能够接纳各种不同的观点和方法。对

HOW MANY USES

DOES A LEGO WHEEL HAVE?

一个乐高轮子有多少用途?

于高中生来说,这是证明这一点的有效方法,即创造和改革是一个复杂的社会过程,需要沟通和协作。

每当我与高中老师讨论协作时,他们一般都将其视为一个基本过程。这是因为他们将协作与合作学习混为一谈。我们都了解这种体验。给一个小组分配一个项目,期望每个人都完成一定比例的项目任务,并根据最终作品给他们打分。这不是协作。协作是帮助人们共同努力以实现个人无法实现的结果。它涉及帮助人们发现自己的优势并观察他们如何在解决问题的过程中相互支持。这就是科技初创公司和许多其他成功企业的运作方式。它与谁负责或谁最有才华无关。它关乎许多有才华、有创造力的人互相帮助,提升技能,奉献于比他们自己更重要的项目或实践。在当今世界,我们的联系比以往任何时候都更加紧密,我们在四堵墙和社区之外建立的联系推动了创新。

跑马拉松

你起得很早,心情兴奋。今天是洛杉矶马拉松比赛的日子,你迫不及待地要跑比赛了!你走出大门,兴奋地奔跑,但在二十六分之三英里处,你的能量水平下降了。到了第七英里,你拖着双脚前行,最后在第十英里处放弃了。你怎么会失败呢?你自己认为你是一个非常糟糕的赛跑者、非运动员,永远不可能成功地跑完马拉松。这是25 000名参赛者中许多人的常见情况。我们的创造力、信心和勇气与马拉松相似。为什么有些人会失败而放弃?为什么有些人完全放弃挑战,再也不跑了?他们训练了吗?多久训练一次?他们有计划吗?完成了多少?他们吃得合适吗?多久吃一餐?就像在马拉松比赛的早晨醒来开始比赛一样,创造力不是你只说一说就采取行动。培养创造性思维模式需要付出时间和努力。如果得到指导,你就可以展现我们所有人都拥有的令人难以置信的创造潜力。当你的使命是帮助他人并为他们提供价值时,你的创造潜力就会开始蓬勃发展。

创造价值

作为一名设计师,我每天都面临着为公司创造价值的挑战。无论是新标识、网站还是营销活动,我的工作都是利用媒体与公司的客户群建立联系。在尝试

INNOVATION IS A COMPLEX SOCIAL PROCESS

COLLABORATION IS REQUIRED

创新是一个复杂的社会过程。协作是必需的。

为我的学生设计学习实践活动时,我发现自己几乎每天都会回顾这些经历。我的最终目标是培养学生的技能并增长他们的知识,但问题是要在不牺牲学业成绩的情况下以一种个性化的、有趣的和无限制的方式来做到这一点。我认为我们通过给学生提供创造价值的机会可以做到这一点。我们为他们提供工具、时间和空间,让他们创造能够派上用场的东西、能够为他人带来社会价值的东西。通过鼓励学生提出这样一些问题来引导他们:别人可以从我的工作中受益吗?别人可以从中学习吗?别人可以从中受到启发吗?对于许多教育工作者来说,这个领域感觉太易变、太模糊和太主观,但这就是创造力的所在,我们有责任教我们的学生如何适应这种思维模式。

给学生创造价值的机会。

这种结果的社会影响会激发创造力。你看看社交媒体的成功,它植根于社会关系创造的价值。它之所以蓬勃发展,原因在于个性化的关系和连接它们的创意流程。仔细想想用户如何分享内容(不管是文本、图片还是视频),其他人如何回应、评价和参与,还有,学生们来到学校,收起手机,在没有社交联系的孤岛式环境中体验五到八个小时的孤立学习。我们需要学习如何利用社交媒体成功背后的创造性经验,并使其成为我们课堂学习过程和环境的一部分。

推特(Twitter):你能进行一次有意义的谈话吗?字数在 240 个字以内怎么样?这个平台为学生提供了一个很好的范例,帮助他们培养简洁明了的写作技能。

照片墙(Instagram):你会用照片讲故事吗?你策划的视觉效果是否会邀请

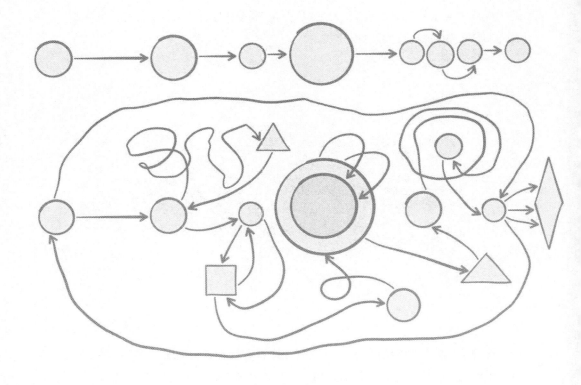

人们参与进来,并体验更多?

视频网站(YouTube):我们如何教别人?视频主导了其他人学习曾经复杂的任务和技能的能力。今天,任何人都可以访问视频网站,学习数以千计的不同工作领域广受欢迎的重要技能。

复杂的过程

在今天的教育体系中,流水线式的学习仍然占主导地位。虽然这种模式在19世纪和20世纪可能运作良好,但总体上来看,21世纪需要一种更灵活、适应性更强、更具创造性的方法来解决问题和开展工作。由于技术的进步取代了开发新技能和新的流程的需要,创造力将变得比以往任何时候都更加重要。我能预料到的一个挑战是,教育工作者以及无数其他专业人士必须接受这样一个事实,即创造过程是超级复杂的。

创造力不是一个简单的、线性的、多步骤的过程。它是在看似后退实则前进,且充满未知的过程中产生的,这些未知必须作为过程的一部分进行评价。在教育方面,我们往往关注已知问题。即便在假设和实验注定要蓬勃发展的科学领域,我们依然始终要让学生去尝试、求证,有所期待。给学生提供机会,使其接触那些尚未解决的问题,或者挑战学生发现未知问题,这些都是让学生在工作中看到真正的创造力并观察其问题解决技能增强的好方法。

在设计和创业领域,未知的道路就是现状。无论是什么类型的问题,在考虑创造性地解决这些问题的方法时,都会涉及外部因素、未知因素和意外情况。

寻找目标

创造力源于目标。没有目标,很难做出有创意的东西。以这本书为例,我发现,我越是专注于这本书如何帮助他人,而不是简单地分享我的专业知识,这些想法就越像汹涌的河流而不是涓涓细流那样涌现出来。创造力要求你与他人建立关系。如果你看看艺术家、音乐家和设计师,你就会发现他们最好的作品都让他人参与其中,享受它,使用它,甚至质疑它。如果你把创造力藏在你的日记里,并且保密,那它就没有任何意义。真正的创造动力源于做一些有益于他人的事情。

不是所有的艺术家都会画画，也不是所有的画家都是艺术家

有一次，我到一个朋友家里拜访，欣赏了一幅描绘一些著名拉比人物的大型油画。那幅油画的风格和细节惹人喜爱，它是那种你可以坐下来看上数小时的作品之一，每次观察都会发现新的细节。我查了一下画家名单，想知道是谁画了这幅惹人喜爱的艺术作品。但每次他的回答都是否定的。他接下来的话让我大吃一惊：他说那是一幅原始的复制品，是由一个设在中国的团体画的。经过一番研究，我震惊地发现，中国有一个行业，教人们像大师一样作画，而且那些画作的售价只是你在纽约艺术开幕式上看到的价格的一小部分。这只是我作为一名艺术家、设计师和教育工作者的历程和职业生涯中的众多故事之一，它真正动摇了我对创造力、艺术以及是谁掌握着关键的看法。就是在那时，我意识到所有的艺术家都可以成为画家，但不是所有的画家都可以成为艺术家。这是因为艺术家表达的是思想和灵魂。这种创造性的表达建立在以下三点之上：

1. 创作的信心
2. 创作的意愿
3. 敢于让自己的创造力受到质疑的勇气

我们需要这三点来展示我们的创造力，而不是听从那些质疑和怀疑我们的声音。正如我之前多次说过的那样，这个声音虽然在我们的脑海里，但我们不能停止创造。

大学四年级的时候，一位教授告诉我，规则已经确立，现在我可以随意打破规则了。

我之所以成为一名教育工作者，就是为了培养学生的创造力，让他们用这种思维方式解决世界上有趣的问题。上大学时，我拜访一所艺术名校的朋友，当时看到一个学生用投影仪投射在油画布上描摹，我惊呆了。虽然我很欣赏他们这种富有创意的描摹方法，但这怎么能被视为艺术呢？我的朋友笑着说："艺术不在于技巧，而在于你如何看待这个世界。"接着她分享道，为了进入艺术学校，她提交了一份完整的作品集，其中包括一幅她描摹的杂志拼贴画。事实上，当时我很生气，开始对艺术更加怀疑了。我看重的是技巧而不是视觉，直到被加州州立大学长滩分校（California University, Long Beach）的版画课程录取后，我才懂得了艺术和创造力的全部意义。我的首席教授罗姗娜·塞考尔（Roxanne

Sexauer)教导我:"一旦你了解了规则,你就作好了打破规则的准备。"

我站在阿尔布雷希特·杜勒(Albrecht Durer)的一系列蚀刻画前,问她我是否能画出这样的画。她说,即使我放弃所有的娱乐活动,每天坐着蚀刻十个小时,我也永远无法达到那种水平。起初我有点不高兴,但后来意识到她告诉我的是——创造力是个体的,因为我们每个人都以一种截然不同的方式看待世界,而这种视角影响着我们在生活中所做的一切。我们可能都在用类似的双筒望远镜观察,但我们看到和选择探索的东西会有很大的不同,这取决于我们独特的经历。

这些双筒望远镜还给我们提供了非常需要的视角——使一些事物看起来比实际更接近。学生需要它,因为成年人需要它。

艺术表达思想和灵魂。

创造的勇气——行动起来!

这一章全部是关于对创造性思维模式的认识。消除将创造力视为天赋或经验的刻板印象对于转变思维至关重要。第二步是克服我们周围世界的功能固着。接下来是了解如何在我们的个人职业生活之外寻找成功人士并从他们的创造性方法中获益。最后,我们需要将协作和联结视为把这种思维模式变为现实的一种方式。你还在等什么?选择你自己的探索路线,进入第二章。

* 你认为你自己有创造力吗?为什么有或者为什么没有?
* 谁是你心目中的创新偶像?你欣赏他们的生活和工作的哪些方面?
* 想一个你一直想实施的项目、想法或一直想解决的一个难题。是什么阻碍了你?你怎样才能改变你的想法,让自己对接受挑战更有信心?
* 你的职业生涯有多多样化?你的个人生活呢?你怎么能让它更加多样化?
* 想想你所在学校或机构中你一直想与之共事的人。尝试在活动、事件或课程上进行协作,看看你能学到什么!

(翻译:焦隽　校对1:徐品香　校对2:焦建利)

第二章

失败是旅途中的一站，而不是终点

"义人虽七次跌倒，仍必兴起。"
——谚语 24：16

"成功之道是加倍地失败"。
——托马斯·华生（Thomas Watson）

有一个深受喜爱的首字母缩略词已经融入了教育的集体词汇中，它就是失败——第一次学习尝试（F. A. I. L — First Attempt in Learning）。我知道这个词是为了鼓励接受失败，但我发现它局限于一个关键的领域，即让失败的经历也成为学习的经历。这个领域就是反思。学生能够成功地应对挑战的技能明显不足。在今天的教育中，对失败的理解就是完蛋，就在失败的那一刻，学生们懂得了失败不仅代表他们作为人的身份，而且还会通过他们的永久记录跟随着他们。在教育之外，失败不是结果，而实际上是初次尝试。它是取得长期成功过程中的一部分。教育着眼于短期、单元、课程，这就是为什么课堂学习倾向于按计划创建有明确结果的体验，比如，填空，或者正确答案是 D。真正的高阶思维和复杂问题解决不会出现在多项选择题中。在商业领域，尤其在初创企业文化中，失败不是预期的结果，也不是计划的结果。它是冒险、超越"可能与预期"的结果。这里不可能有工作表、测验或千篇一律的小组项目，因为最终目标更大，初始复杂，涉及面广，难以界定。由于是这种水平的挑战，所以，它不仅仅是"第一次学习尝试"；它还是转变为初次尝试的失败（F. A. I. L. U. R. E.），除非反思（Unless Reflection Exists），否则初次尝试就是额外的、可能不必要的和可以避免的。

失败是如此有趣的对话。对话的一端是我们的学生害怕失败，并将任何不完美的东西都视为一次败阵的经历。我曾经有一个学生（其实他应该得 B）求我把他的 A- 改成 A，因为他的父母对他的各科成绩的平均绩点（GPA）非常不满。如果我当初改了，会怎样呢？从短期来看，可能会帮到那个孩子。从长远来看，他可能已经从常春藤盟校毕业，经历了人生中第一次真正的失败，并陷入沮丧和无助的桎梏之中。（顺便说一下，这是个真实的故事。我有一个朋友，在顺利完成学业后就被他的公司解雇了，结果花了数千美元在进行治疗和生活辅导。）

在失败对话的另一端是老师，他们会说："是啊，失败棒极了！我们失败吧，经常失败，在失败中前进。"不管你信不信，都有一个非常富有成效的中间环节，那就是你把失败看作是旅程的一部分，而不是终点。你把它当作一段对话，思考如何改进。上学阶段是体验这些的好时机，因为风险较小。这是一个帮助你重视别人意见的时候，但要学会不要让他们的意见来主宰你，或者更糟的是，需要

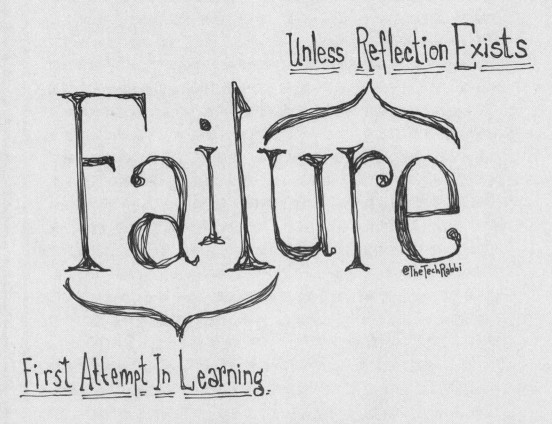

除非反思　失败　第一次学习尝试

他们作为一个人感受到认可。

我想和你分享一个可怕的失败经历,因为这本书里包含了我自己需要采纳的、我希望是美妙而实用的建议。

我失败了。

2016年,我试图推出一个播客,结果全搞砸了。回想起来,确实有点搞笑,期间我很沮丧,我觉得自己让很多人失望了,尤其是节目嘉宾。几年前,我认识了加里·瓦伦创克(Gary Vaynerchuk)。他的书很棒,他的播客——"加里夫音频体验"(The GaryVee Audio Experience)更好。因此,当我启动"设计点亮教育"项目并开始扩充各种媒体时,我想到了比将播客命名为"设计点亮教育音频体验"更好的启动方法。然后我在世界上最大的自由职业市场Fiverr① 上购买了前奏曲和尾奏曲,这让我的声音以类似于他的风格介绍播客,就这样我作好了准备!从一开始,我就努力吸引嘉宾,然后在如何录制、剪辑和发布内容的整个范围和顺序上苦苦挣扎。但还是无法奏效。我只发布了一集。我录制了第二集,但是由于我跟不上自己设定的节奏而一直没有发布。人家花时间接受了我的采访,而我却一直没有发布,我也觉得糟糕透了。最后,我坐下来想弄清楚这个项目到底怎么了、为什么就没有成功。我运用了一种准设计思维的方法,但我意识到我的移情方法并不靠谱。我没有以用户为中心进行设计,而是设计我自己认为人们想要的东西。我不得不反思以下几点:我想解决什么问题?为什么它对我的听众来说是个问题?谁是我的听众?我想把一线教师与那些愿意分享自己经历和成功方法的创新人才联系起来。我希望老师们能够获得启示,学习新的策略和活动,以培养他们自己的创新信心,同时帮助他们学生培养创新信心。

那为什么没有成功呢?我忽略了很重要的一步:目的。不是我自己的目的,而是我的听众的目的。为什么教师要更有创造力?他们是否认为缺乏创造力会妨碍特定目标的实现?为什么教师要在课堂上采用创造性的策略?我相信,对于大多数教育工作者来说,原因在于他们的学生。作为教育工作者,我们生活中的很大一部分涉及我们的学生和他们的成功。

我和我的一个学生坐下来,决定创建一个播客,旨在帮助学生们培养他们的创新信心,并弄清楚如何超越测试取得成功。我在我的PLN中与老师们分享了

---

① Fiverr是一家在2010年于特拉维夫成立的自由职业在线平台,服务范围包括写作、翻译、视频编辑、写程序等。——译者注

这个想法,他们都很激动。在短短几周内,嘉宾名单从三人增加到了十五人。其中包括苹果公司的前副总裁、Snapchat 的高级总监、Twitch 的高管和亚马逊的传道者。每位嘉宾都分享了他们对成功的惊人见解。有哪些共同点呢?共同点有很多,但适合这里的是,这些创新人士都将失败视为思考和重组的契机。他们中没有人认为失败是败阵的体验,或者是需要花更多的时间或几天去解决的问题。当我问那些嘉宾他们是如何如此迅速地克服失败时,他们说他们没有让挫折来界定自己的习惯。他们的看法是他们并没有失败——他们的项目失败了。这不仅仅是一些轻松的想法或空口的应酬话。这些人继续用行动来支持这种态度,修复失败之处。我非常喜欢这一点!为什么我们不教我们的学生以这种方式应对失败呢?

在我们目前的教育体系中,任何低于 C 的成绩(普遍认为是平均水平),基本上都被认为是 F。任何一个能为标准化考试而死记硬背的人都能达到中等水平以上的成绩。与大多数基于表现的狭隘模型一样,我们的体系并没有真正评估学生的掌握程度或真实的学习情况。相反,它让教师和学生将失败内化,并让失败定义他们学习、教学和成长的整体能力。然而,在现实世界中,这种对高水平的表现和合规性的痴迷不会给你带来什么,而且以当今科技的进步速度,到 2020 年,确实需要此类技能的工作几乎会被淘汰掉。在讨论我们教育体系的这一方面时,我想起了一句讽刺的话:"每个人都是天才。但是,如果你以爬树的能力来评判一条鱼,它会终生相信自己是愚蠢的。"

创新需要时间

今天,创新这个词很时髦。每个人都想创新,你很难找到不想创新的人。挑战在于,真正创新的产品或实践需要时间。它们不是为期两天的项目或为期一周的实验。真正的创新需要所有相关方真正投入到这一过程中,并相信努力是为了某种重要的事情。这使我们能够教我们的学生以不同的方式思考失败,因为现在失败是有目的的;我们最终必须将话题转向承担智力和职业风险的内在价值。作为教育工作者,我们必须有创新的信心和决心,为学生树立榜样。归根结底,我们必须向他们表明,追求可能以失败为结局但也可能会取得重大进展的想法、项目和冒险是正确的、可以接受的。这一教训的关键是要让他们知道,在第一次尝试中一般很少能取得重大突破。

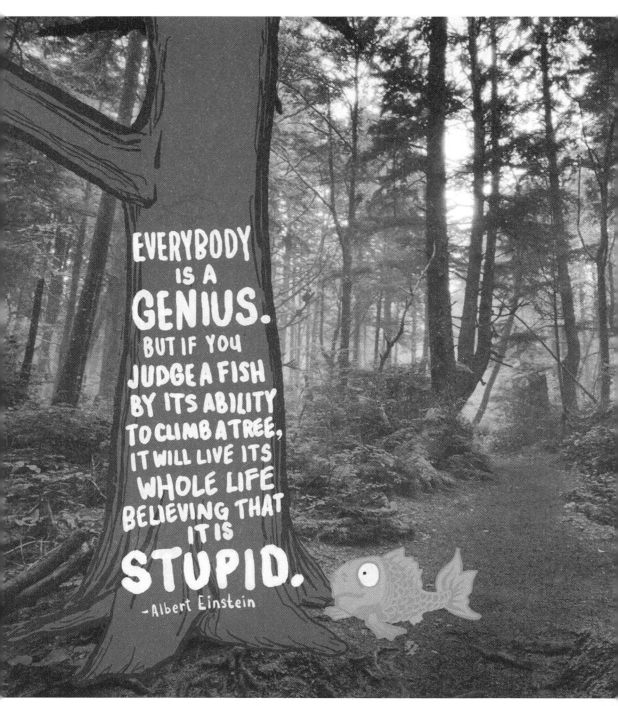

"每个人都是天才。但是,如果你以爬树的能力来评判一条鱼,它会终生相信自己是愚蠢的。"

——阿尔伯特·爱因斯坦(Albert Einstein)

第二章　失败是旅途中的一站，而不是终点

真正的创新需要我们把失败看作是通向成功的多个垫脚石之一。有了这种认识，我们才能丰富我们的想象力，开始为我们面临的问题精心制定创造性的解决方案。我并不是说我们应该教我们的学生期待失败，但我相信他们应该知道这是创造过程中一个自然而有机的部分。想想我们人生中最早的一些成就：站立、学会走路、系鞋带、骑自行车。再过几十年，创办一家科技初创公司、进入医学院或通过律师资格考试，情况都是一样的。第一次成功根本不是常态——没什么大不了的。

问题是，我们中的许多人都无法摆脱耗尽我们信心、好奇心和创造力的字母等级思维模式。我们花了12年或更长的时间死记硬背，为的就是一次做对，而且每次都做对。而当我们没有做好——即使我们得了C——我们也习惯于认为自己是失败的。就好像只有两种等级，A 和其他任何低于 A 的等级，后者相当于 F。

为什么第一次尝试创新如此困难？我认为这是因为真正的创新需要创新者开发能为他人创造价值的解决方案或产品。简单地说，要预料到第一次迭代不会是最好的，最好的结果需要复查、修改和反思。现在尝试将这种方法融入我们当前的教育体系中。想象一下，如果我们学校的学习始于老师说"我不知道"或"我想知道"，而不是精心设计的以确保他们被视为课堂教学内容的主人的对话，那会怎样。虽然通过你们的课堂可能无法对我们的教育系统进行彻底的改革，但老师们仍有空间向学生传授失败的内在价值及其在创造过程中的作用。不管你是否认为爱迪生是灯泡的唯一发明者，要理解真正的创新是什么样子，重要的是要理解爱迪生并不是要发明灯泡，他是想让人们能够在黑暗中看到东西。

摆脱字母等级思维模式

失败可以赋予我们力量

让世界变得更美好是爱迪生的创新意愿，也是他的终极目标。为此，他在努力寻求一种安全的、可持续的光源，在这个过程中，他失败过无数次。正是这种失败——以及对第一并不总是意味着最好的理解——可以鼓舞我们的学生并赋予他们力量。

我常常希望我小时候就被教导失败会让你更强大。儿童,尤其学龄前儿童,总是会失败,但他们不会从这些方面考虑问题。他们不知道这一点。他们学习走路,骑自行车,模仿玛丽·珀平斯(Mary Poppins)撑着一把伞从 10 英尺高的墙上跳下来(得了,我最近听说不是每个人在成长过程中都这么做),起身后掸掉身上的灰尘,再继续玩。多么无拘无束啊!然而,可悲的是,他们紧接着开始上学,沉浸在计算结果的线性学习体验中,学习安全行事。我认为"失败 101"应当是进入中学的先决条件。学生需要以一种肯定会失败的方式接受挑战,讨论和反思,并从中成长。关注当今年轻人的社会环境,你会发现它与在失败的历练中成长有关。无论是玩最新的电子游戏,努力在社交网络上获得 100 个赞,还是在体育运动中兴奋不已,我们的年轻人都有机会将失败视为对长期、高层级成功的投资。他们会明白失败不过是另一个学习的机会——一个重整旗鼓、喘口气、反思过失的机会。与歪心狼(Wile E. Coyote)①不同,需要花点时间读读墙上的文字。

所以,让我们抛开那些特殊的奖杯和简易模式,让学生们有机会通过那些要求他们付出 100% 甚至更多的实践来让自己变得更强大。我说的不是毅力或者艰辛(通过谷歌搜索这些术语可以找到一些关于这个主题的好书),只是传统的努力工作和耐心。

失败是可以反思的

今天,我们几乎没有时间反思教育。除了坐着思考为什么自己在大考中没有得到至少百分之九十的分数之外,我们的学生没有得到反思的时间和空间,因为这在传统意义上是无法衡量的。更糟糕的是,许多教育工作者认为反思是一种软技能,不应该占用在校时间。但是,反思是失败后成功的关键部分,而失败是学习的关键部分。我坚信,学会反思的学生不仅能更好地应对学业上的挫折,

---

① 歪心狼(While E. Coyote)是 1949 年由华纳公司出品的"Looney Tunes"系列动画片中的主要角色之一,狡猾的歪心狼一心想要吃掉机智的 Roadrunner(BB 鸟),但是,故事所有的结局都是歪心狼作茧自缚,败在自己的小聪明里。——译者注

失败意味着永不放弃,但要从错误中吸取教训。

也能更好地应对个人和社会方面的挫折。这当然也是一种他们可以在以后生活中使用的技能，特别是如果他们能够保持创造动力的话。

在商界，有些公司通过承担风险、做出包括失败方案在内的决策而蓬勃发展。这些公司的生命力比它们那些踌躇满志、稳扎稳打的竞争对手更长久。想象一下，如果我们给学生提供与谷歌（Google）、埃德蒙兹（Edmunds）和特斯拉（Tesla）等公司相同类型的开放空间和机会，世界会是什么样子？一种情况是我们的学生会对失败的经历产生肯定和感激之情。另一种情况是，不管我们的学生是创办自己的公司还是供职于一家公司，我们为他们提供机会，让他们探索如何成为他们热爱的工作中的关键人物。要想让失败成为一种财富，我们必须给他们提供有形的、真实的体验。失败不能采取物理考试的形式，它必须是发射火箭模型，需要击中目标或落在目标上。这样失败就不会令人厌恶，而是实现目标的一步。无论是计算机编程、工程、视觉通讯还是资助写作，都要有一个明确的目标和机会，不断改进，直到成功。最终使反思变得必不可少的是能够问自己一些棘手的问题，并谦虚而诚实地回答这些问题。

那我们该如何反思呢？首先你有必要相信第一次或第二次尝试不是你最好的。你还有时间再尝试吗？如果没有，那没关系，让我们来明确一点：我们不打算失败，也不是说失败适用于所有的体验。作为一个父亲，我很难站在一边看着我的孩子们做有可能失败或者是做起来很吃力的事情。尽管这样很痛苦，但我知道，与我为他们做相比，这样会使他们变得更强大、更好。

失败是伟大思想的一部分，它意味着你需要拥抱未知，并了解冒险是必要的。我们不是在谈论学习 2 + 2。我们讨论的是了解如何面对 X + Y = Z 的挑战，而且这三者真的都是未知的。

爱彼迎（Airbnb）在成为家喻户晓的房屋共享和旅行住宿的名字之前，曾三次推出。想象一下，如果第二次就关了门会怎样。他们是怎么做到的呢？《成长黑客》（Growth Hackers）一书中有一篇文章直截了当地说："面对最初的阻力，'完全是不折不扣的竭力推销'。"失败只取决于你对自己、你的团队、你的工作和你的使命的信心。

埃隆·马斯克（Elon Musk）是对失败并不陌生的另一例子。虽然我们中没有多少人有机会发射火箭，更不用说坠毁一枚了。但他的公司 SpaceX 却坠毁了十多枚火箭，试图制造有史以来第一枚自行着陆的火箭。这是一个壮举，耗费了数百万美元不断完善，最后一次发射的失败使公司几近破产。

当失败被标准化时,结果就意味着完蛋。当失败是一个非线性复杂过程中的一部分时,反思和改进就会产生更有意义、质量更高的结果。毫无疑问,我们的学生在大学毕业后的第二天将面临复杂和非线性的挑战。它可能不是一家初创企业;它可能就像弄清楚如何管理你的每月开支一样简单,但第一次失败,也就是他们被教导要避免的经历,将是一次很痛苦的经历。

我们不是自己的失败者

底线?失败是令人不快的。我对失败的看法有些抵触。那个人问我为什么如此注重失败。我本能地反问,我们为什么回避它、假装它不存在。我知道失败是一个让人不舒服的话题,但它是生活的一部分。这在短期内不会改变。我认为重要的是要记住失败是常有的事。它经常发生。它不关乎我们是谁,也不给我们下定义。我们不是失败者。我们所做的决定和预测可能是错误的。这就意味着有些东西需要重做。马斯克曾经说过:"如果事情没有失败,你的创新就不够。"瞧瞧,如果事情没有失败,你的创新就不够。这一切都与重要性有关,也和思维模式有关。快速失败,经常失败,但要聪明地失败,请不要让它成为你的代

> 如果事情没有失败,你的创新就不够。
> ——埃隆·马斯克

数 2 期末考试。

71 快速失败，在失败中前进

　　这一章的内容更多的是关于拥抱失败，而不是教别人如何克服失败。请记住，我们不是在谈论一个有明确答案的问题！这方面的失败可能只是计划不周、缺乏努力或粗心大意。虽然这些也是很好的学习经历，但是上述失败可能会以不同的名目发生两次、三次，甚至八次，因为伟大的想法就在那里，你和你周围的人都渴望获得超越填空、冒泡字母学习成果的成功。

- 想想你失败的一次经历。你在尝试什么？失败的感觉如何？你对那次失败有什么反应？
- 这些年来你从失败中学到了什么？
- 你如何帮助你的学生理解和体验失败？你在向他们传授关于失败的内容的过程中面临哪些挑战？
- 你可以在课堂上开展哪些活动或课程教学来帮助学生更好地理解失败是创造过程的一部分？

（翻译：焦隽　校对 1：徐品香　校对 2：焦建利）

同理心是关键。

第三章

同理心激发创造力

> 除非两个人处于"同一个频道",
> 否则,一个人对另一个人表现出的同理心
> 就难以真正发挥充分的激励作用,产生治愈的影响。
> ——奥·哈恰姆(Or HaChaim)

> 当你对他人表现出深深的同理心时,
> 他们的防御能量就会下降,取而代之的
> 是正能量。这时候你可以更有创造性地解决问题。
> ——史蒂夫·柯维(Stephen Covey)

74 　　我很早就知道,如果我想成为一名成功的设计师,并在这个过程中保持头脑清醒,就必须视顾客为王。俗话说,"客户永远是对的"。这并不意味着他们真的就是对的,而是因为你珍视他们的关系,无论如何,你都愿意确保他们拥有最好的体验。作为一名教育工作者,我知道我们都有自己类似的情形:一旦有学生按下这个"按钮",就会"炸开锅"!我们是人,我们有我们的机遇,但我们的黄金准则必须效仿服务业。问题是怎么效仿?首先,多调查你的学生。他们的兴趣是什么?他们的价值观是什么?在我的创业者工作室课程中,我让学生们填写一份自我评估调查表。对许多人来说,这起初都是痛苦而沮丧的体验,因为他们不习惯老师问他们对什么感兴趣或者什么重要。我曾有学生抱怨说,我不只是为了创新项目"告诉他们该做什么"!与本着正确的精神进行损害控制相比,犯"错"并拥有快乐和参与的客户(即更倾向于与他人分享其美好经历的学生)要容易得多。

　　这种态度源于什么呢?是什么触发了这一举动,使别人的需求成为了优先事项?答案是同理心。同理心是我希望永远不会过时的流行语之一。感同身受是一个人所具备的最强大的能力之一。它是一种真正理解和体会他人感受和忧虑的能力,对个人和职业成功绝对至关重要。没有同理心,创新型人才肯定能够创新,但他们可能缺乏像亚马逊(Amazon)、谷歌(Google)、来福车(Lyft)和爱彼迎(Airbnb)那样培养想法的人际关系。现在,许多初创企业不是从同理心出发,

75 缺乏同理心,但是却依靠同理心成功。我可能错了,不过我想我们可能回头看一下优步(Uber)上的遛狗就会摇头!那么,我们怎样变得更有同理心呢?我们怎样向他人介绍同理心?最重要的是,我们如何确保我们的学生在毕业时不仅能把同理心作为一个词语,而且还会把它作为一种生活方式呢?

77 　　要回答这个问题,我们需要考虑同理心在创造过程中的作用。把同理心和学生至上的心态结合起来的一个好方法是制定年初课堂使命宣言。使命宣言不仅仅是一家公司的全部内容,它还提醒所有员工和客户公司应该代表什么,甚至什么时候境况艰难。通过挖掘学生的思想并与他们协作,就有机会让他们听到自己的声音,获得认同,并投入精力确保任务的完成。看看当今一些比较知名的公司。你对以下使命宣言熟悉多少?

客户

为什么不能给学生提供像客户那样的服务呢?

发布！

移情　界定　设想　原形　检验

设计思维过程

- 亚马逊（Amazon）："成为地球上最以客户为中心的公司，让人们在此能够查找到他们想在线购买的任何东西。"
- 宜家（IKEA）："为大众创造更加美好的日常生活。"
- TED："传播思想。"
- 捷蓝航空（JetBlue）："在空中和地面启迪人类。"
- 特斯拉（Tesla）："加速世界向可持续能源的过渡。"

更多地调查你的学生

尽管我认为同理心和创造力是密不可分的体验，但斯坦福和IDEO打造的"设计思维"模型则将同理心作为问题解决方法的跳板，而且大多数人都认为同理心很重要。

同理心作为任何过程的开端之所以如此重要，是因为它强调人而不是产品。想想我们的课堂和世界各地的课堂。我们是为人还是为产品设计学习体验？是为考试成绩？是为各科成绩的平均绩点（GPA）达到3.0以上？或是为了那些长大后会成为成功、热情和爱好学习的人？

同理心是创造过程的关键，平淡朴素。当我们回顾历史上的创新、发明和影响时，它们总是从帮助他人并产生影响的愿望开始的。

同理心是创造过程的关键，简单明了。

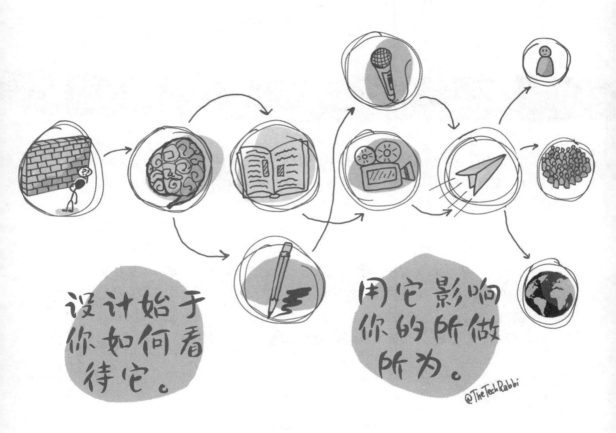

以爱迪生为例。无论你是不是爱迪生团队中的一员参与电力竞赛，他的故事都是传奇。他的名言——他"没有失败，只不过是发现了一万种行不通的方法而已"，值得深思。

就我而言，我从他的工作中看到某种更强大的东西，我明白是什么推动和激励他改变了人类历史的进程。我认为爱迪生并不是要发明灯泡，我认为他试图在发掘让世人在黑暗中看得见的能力。这种热情是如何培养的？当然，成为著名发明家的梦想可能是一种动力，但我们都有影响周围人的愿望和潜质。同理心是让我们变得积极、个性化并关心他人成功的因素。历史上最成功的企业和初创公司的使命是将人置于产品或服务之前。看看苹果（Apple）、谷歌（Google）、亚马逊（Amazon）、特斯拉（Tesla）、优步（Uber）和爱彼迎（Airbnb）就知道了。除了那些在车库里做下一件大事的人之外，我最喜欢的故事就是爱彼迎的故事了。它完美地表明了同理心的影响力。

爱彼迎（Airbnb）是由一个问题演变而来的。在大型会议时预订酒店既困难又有风险，而且最重要的是价格昂贵。会议中心附近的酒店可能会把价格抬高200%，封锁房间以创造更多的需求，让你无处可住。在ISTE会议时，无论我怎么做，这种情况都会一次又一次地发生在我身上。然而多年来，我发现自己总能找到一家很棒的爱彼迎（Airbnb）酒店。我在2017年ISTE大会上预订的爱彼迎（the Airbnb）酒店还附送了一支配有藏獒小狗图案的笔。所以，你看，爱彼迎（Airbnb）想解决这个问题，决定在公寓里提供配有"充气"床垫的"床和早餐"，以满足海湾地区会议的这种需求。现在你知道为什么我这样说了吧？爱彼迎（Airbnb）诞生于人们包括他们自己所面临的重大难题。在不到五年的时间里，爱彼迎（Airbnb）创立了一家价值200亿美元的公司，这需要的不仅仅是同理心，但我确实相信同理心是他们走向成功的动力。同理心是关注他人，了解他们的问题和挑战。它也包含帮助、复原和改变的愿望。

践行同理心

不过，同理心必须有一个免责声明。它不能以牺牲整体成功为代价。我们不能把所有事情都放在同理心上，然后试图制定一个不可持续的解决方案。同理心是很重要，但是，如果没有常识和智慧，你将无法制定出高质量的解决方案。

几年前，我修读了斯坦福大学的一门"设计思维"慕课。他们分享了一个小组在夏季帮助一个非洲社区解决蓄水池失水问题的故事。他们的解决方案——一个可以掩埋的轻型塑料蓄水池——被社区完全拒绝了。这就涉及到他们的同理心了,因为这个小组并没有考虑哪些材料是社区文化和生活方式的一部分。他们没有说明他们如何解决这个难题。作为设计师和教育工作者,我对"设计思维"模型的争论之一就是它无意中将"各个步骤"分隔开来,这意味着同理心终止了。尽管这不是他们的意图,但我看到该模型就是这样被讨论和应用的。在教育方面,由于所设计的学校体制问题,导致所有事情第一次就得做对。一旦你开始解决问题,随后与有需要的人接触,而不是测试一个原型产品或解决方案,同理心实际上会更加重要。

我想通过分享一个个人故事来强调同理心的力量。作为一名教育技术培训师,我有机会举办相当多的研讨会,分享其他专业发展经验。在设计研讨会时,我预先发布调查,旨在了解参与者的热情度以及他们对专业发展的愿景。有时我也会通过电话会议了解更多详情。我为什么这么做呢?我这么做是因为走进一所学校并声称我拥有各种可以改变他们课堂教学的先进技术和专业知识,这是一个很可怕的想法。其中的同理心在哪里?作为一名培训师和推动者,我的使命是让教育工作者有信心并有能力以有意义和可持续的方式在课堂上应用技术。请注意,我的专业知识和先进技术不在使命之列。

要成功设计专业发展研讨会,必须让参与者感受到他们被视为专业人士。作为一名培训师,研讨会的开展必须充满对教师的同理心和同情心。你必须了解他们的需求、学校文化,他们在获取资源方面所面临的困难、支持,以及最重要的是时间和期望。我认为对于无论哪个机构的经理、管理者或负责人都是如此。对于任何管理员工团队的专业人士来说,至关重要的是让他们知道你把他们当作人和员工对待,关心他们的期望和他们面临的挑战。

重视你的团队,关心他们。

2014年,我想帮助一个三年级的班级学习一点儿同理心知识。我和一位同事设计了一个项目,让学生们对一个特定的主题进行研究,该研究将会以数字化的形式发表。他们的作品会被当作班上其他同学学习并大致了解这个主题的资

源。让学生促进自己的学习不是我的创新,但我为学生体验改头换面的方式是很特别的。当我们问学生怎样学得最好时,他们畅所欲言。一些人说他们喜欢音频,许多人说他喜欢视频和照片,还有一些人说他们喜欢动手。撇开学习风格不谈,这是学生们了解自己的好时机,但对这个问题的重新表述却很特别,让教室里鸦雀无声:

"你认为别人怎样学得最好,你如何帮助他们学习?"

"我喜欢"和"这对我有用"这些话就瞬间消失了,学生们还是不知道该怎么答。这是你想要的时机。这是同理心进入创造过程的时机。当人们陷入困境并充满不确定性时,他们开始关注其他人正在经历的挑战和挫折。这时候是学习的最佳时机。最后,这些学生解决了这个问题,掌握了它,并吸引了他们的同伴。每个人都沉浸在学习中,以至于全班半数以上的学生都放弃了课间休息。而这一切都始于一个小小的词:

同理心。

要有同理心意识

正如之前我所说的,同理心并不是在设计过程中就简单地终止了,而是需要有一个让你准备就绪、进一步开发产品或制定问题解决方案的契机。为此,我认为你必须回答以下这些关键问题。(请记住与你共事的团队的力量和差异性。)

把同理心过度简化为理解和分享他人的感受,只有当你对对方或群体有多了解时,才会有多强烈的共鸣。你可能觉得你对一个人的挣扎感同身受,但由于缺乏背景信息,你的解决方案可能会失败。作为一名设计师,我经常会遇到这种情况,因为我需要回答上述有关客户及其客户群的问题。要支持某人,为他们服务,为他们设计,并教导他们,你必须对他们十分熟悉。然而,对很多人来说,这是陌生而棘手的。请记住,你甚至还没有定义或尝试构思问题的解决方案。除非你真正了解对方能以这样的方式解决问题,即如果他们只有你的经验和专长,他们就会自己解决问题。

我认为重要的是要指出,同理心不应以牺牲你自己的身份或你对自己的想法和观点应有的信心为代价。同理心不是让人劝说或胁迫你遵从他们的思维方式。它应该做的是给你一个崭新的视角,帮助你更好地理解他人的行为。

这些群体的文化怎样?

他们的价值观是什么?

他们团队（和个人）的奋斗目标是什么?

他们有哪些可用资源?

他们接受变革的历史是什么?

团队中存在何种程度的协作和社会联系?

一位游戏玩家的故事

我不确定《堡垒之夜》(Fortnite)①的后续有多么经久不衰,但可以肯定地说,几乎所有阅读该书的人都至少听说过《堡垒之夜》。如果回顾游戏的历史,那么你就可以预料这款游戏只会越来越受欢迎。在最近的一次会议上,我询问了200名教育工作者对《堡垒之夜》及其在教育中的作用有何看法。如果我们把这个游戏作为一种媒介,让学生能够进行研究,撰写真实、高质量的内容,并将他们的发现展示给观众,结果会怎样?利用同理心和学生在这些基础素养领域获得你想要的成果,这可能是一种有趣的方式。让学生开展调查,然后运用他们的数学技能来分析和评估调查数据和发现,这是向学生传授科学方法的影响力的好方法。这个主意很不错,听众对此充满了好奇心,笑声不断。通过《堡垒之夜》教授统计学和演讲技巧可能不会取代课程,但它绝对可以作为学生的激情项目。创造力就是看到两个不相关的事物之间的联系。借助《堡垒之夜》找到一种弥合"通用核心"与其他基本技能之间的差距的方法,可以被视为创造性思维。让它更强大的就是同理心的意义所在:从另一个人的角度帮助应对挑战!

当我们找到一种与他们建立联系的方式时,学生们就会乐于理解他们整天学习的学科知识和技能如何解决"我什么时候会使用它?"这个古老的问题。以写作为例,我认为写作是所有强大而成功的沟通技巧的核心,可是我的学生们不以为然。因此我在推特上给成功的商人和投资者布兰顿·斯坦纳(Brandon Steiner)发了以下问题:(见下页上图)

当时我就明白了。大多数学生在开学时并不是不喜欢阅读和写作。他们对它的讨厌源自多年来被迫按照别人的要求去做。我偶尔会在当地一所学校为八年级学生开设为期十周的创作研讨课。我总是一上课就问一个简单的问题:(见下页下图)

---

① 堡垒之夜(Fortnite)是一款第三人称射击游戏,已登陆 Play Station 4、Xbox One、Nintendo Switch、PC、iOS、Androi 平台。因其特殊的玩法与各种联动彩蛋而在国外有着极高的知名度,已成为现象级游戏。——译者注

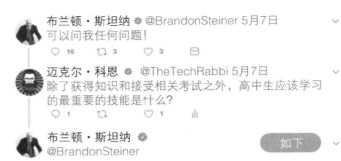

同理心映射

他们怎么想!?

他们怎么说?

他们需要什么才能成功?

你的用户是谁?

用户

他们怎么做?

他们感觉怎么样?

他们几乎总是说，这是因为他们被迫去阅读和写作老师选定的题目。这是不好的体验，我在学校读书的时候就是这样。我从未想过我会在写作方面表达自己的意见，更不用说成为一名作家和作者了。当我们用同理心帮助学生能表达他们的看法时，我们就给了他们一个真正的机会，让他们掌握关键技能，从而在生活中取得成功。

实践中的同理心

"同理心映射"是练习对他人和自己使用同理心的好方法（有时我们是自己最大的评论者！）。

"同理心列表"是记录善待他人行为的好方法，有助于充分认识同理心怎样能够更好地帮助我们与周围的人打交道并帮助他们。

每周或每月创建这份列表，不仅能培养我们学生的同理心，还能培养他们的反思能力。你还能想出什么其他方法吗？

友善行为参与方式

姓名：＿＿＿＿＿＿

通过分享你和/或其他人如何成功地参与移情型行为，完成下列句子。如果你对其中某个句子有疑问，请向同学或老师提问。

本周我：	本周某人：
善待他人的方式：	善待他人的方式：
关爱他人的方式：	关爱他人的方式：
帮助他人的方式：	帮助他人的方式：
大公无私的方式：	大公无私的方式：
能容忍的方式：	能容忍的方式：
体贴入微的方式：	体贴入微的方式：
表示敬意的方式：	表示敬意的方式：

（翻译：焦隽　校对1：徐品香　校对2：焦建利）

第四章

协作是创新的先决条件

正是你每天小小的举动,让两个人从"你和我"变成了"我们"。
——卢巴威彻·雷贝(The Lubavitcher Rebbe)

工作上的大事从来就不是一个人做的,而是由一群人完成的。
——史蒂夫·乔布斯(Steve Jobs)

96　　　　希勒尔（Hillel）在《父亲的行为准则》（Ethics of the Fathers，1：14）中提到："如果我不为自己，谁会为我呢？但是，如果我只为我自己，那我是什么人呢？如果不是现在，那是什么时候？"对我来说，希勒尔的这些话创造了一个改变人生的机遇。2007年，我和一位拉比坐在一起，试图弄懂这些话的意思。不管我说什么，都不符合他围绕这句话的深层含义所提出的问题。然后，他和我分享了一些我每一天都要设法学会去适应的东西。我相信这是创新实践的核心，能够极大地提升协作水平。那位拉比接着填补了字里行间的空白，将那些话扩展为强有力的内容。

　　　　如果我不积极地帮助自己，为自己提供好处，谁会为我呢？是我父母吗？是我老师吗？是我朋友吗？**但是，如果我**如此自恋，全力以赴确保成功**只属于我自己，那我是什么人呢？**如果我**现在不采取行动，那什么时候采取行动呢？**因为我可能再也没有机会了。

> 独创的时代早已过去，当务之急是我们教导下一代不要简单地合作和愉快地共事，而是要真正地协作。

98　　　　独创的时代早已过去，当务之急是我们教导下一代不要简单地合作和愉快地共事，而是要真正地协作。没有协作，创新不仅是困难的，而且最终会被证明是不可能的。很少有人能独立创新。想一想所有著名发明家的突破性产品，

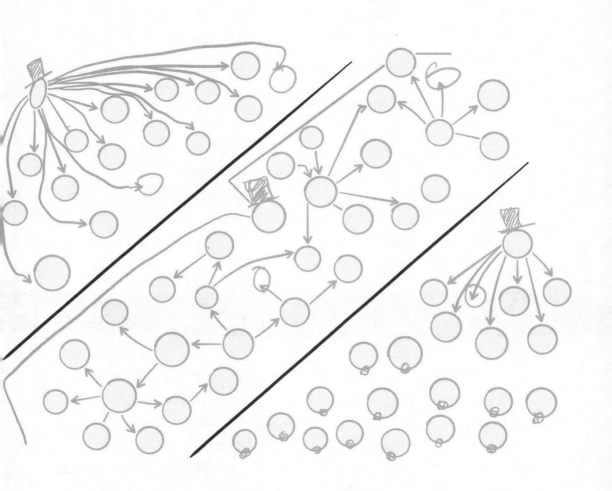

虽然归功于他们，但却是社会化过程的结果，在这期间，随着时间的推移不断发展，渗透着许多人的汗水。

协作需要发现并利用好团队成员的天赋、才华和技能，这在传统的学校环境中是罕见的，甚至是不存在的。在未来，从初创企业到财富 500 强企业的每个人都需要人们的协作技能，团队项目将无法满足这一需求。我们必须学会发现我们在规划、领导、设计和展示方面的素质，以及如何尽自己的一份力量创造出最高质量的产品、项目或展示报告。

创新是一个复杂的社会化过程

我们在学校里不教授协作。我甚至认为真正的协作很少在学校里发生。在那些创造性体验和团队活动中发生的一切都不是协作性的。当然，也有例外，但是它们就是那些例外。这并不是说那些体验没有价值。它们在本质上是合作的，重要的技能肯定会在这个过程中得到发展。但是，真正的协作是一个完全不同且复杂的社会化过程。

> **独创的时代早已过去。**

协作究竟是什么？我在关注科技、创业和设计领域时发现了一个共同点：每个人都有自己擅长的东西，每个人都有自己可以成长的领域。协作不仅仅是最终产品；它还涉及体验和社会交往，是思想、个性和能力相互作用的方式。让我们对比一下 K-20 环境下的标准团队项目和技术初创公司的项目。

K-20 课堂上分派的项目，对内容和完整性有明确的目标，并且要求小组成员分担工作量。实际上，大部分工作是由少数小组成员甚至是一个上进和尽责的学生完成的。在科技创业公司，一个典型的团队项目由项目经理、设计师、软件开发人员、营销专家、质量保证专家和内容作者共同启动。所有这些人都清楚地了解自己的专长。他们认领并负责完成自己所承担的项目任务。

在这种情况下，真正的协作会大放异彩。没有多少公司能做到这一点。你能否想象一下在你的课堂上复制这种做事方法？这并不容易，而且有失败的可

你的话语也有影响力。

能。学习效果、考试成绩都会证明的，处于成败关头，很难冒险。但是，想象一下，如果学校重视这种协作方式，学习该会多么有效啊！协作是建立在他人想法的基础上，并将这些想法视为集体成功和团队努力成果的关键。

在课堂环境中，协作对那些尚未完全了解自己的能力或尚未重视自己所拥有的技能的学生来说尤其有益。协作学习超越了内容获取，还涉及指导和软技能培养。你当然可以通过记忆实现认知发展，但信息的价值取决于它的应用和用法。给孩子们提供培养实际能力的空间？这极为重要。那么，我们如何将典型的课堂小组活动转化为真正的协作呢？我们必须帮助学生了解不同的角色。协同工作不是要求每个团队成员都承担相同或相等的工作量，而是担任与他们的个人技能和才华匹配的角色，并懂得这些角色对结果至关重要。

我来分享一个八年级班级的故事。这个班级有机会了解和体验真正的协作。每年，这个班级都在华盛顿州北部的奥林匹克国家公园进行为期一周的科学之旅，那里是世界上仅有的几个拥有潮汐池、雨林和一英里高的山顶的地方，只需几个小时的车程。在过去的几年里，学生们亲身体验大自然，并将其记录在他们的科学笔记本中，从观察、专家指导和实验中整理他们的想法。第一年陪护旅行之后，我觉得该旅行活动的记录过程需要改进。该项目的前提是采取过时的方法进行体验式学习，并将其变成不仅对学生而且对他人都有意义的东西。

因此，在陪护旅行的第二年，我强烈建议我的同事（一位有三十年教学经验的老教师）考虑技术在学生体验这座壮观公园的方式方面可以发挥的作用。我们决定提议学生创作一部自然短片。这个过程不仅要求他们一丝不苟地记录有趣而重要的科学发现，而且还需要探讨、计划、拍摄、设计和制作一个有意义的故事。最终的成果不仅要向他们的老师展示他们了解了各种生物圈、植物群和动物群，而且也要让其他人了解这个神奇的地方。它还要使他们有机会体验真正的协作。为了安全起见，学生们仍然会使用他们过时的日志来确保所有的学习证据都被记录下来，以防万一媒体实验失败。请记住：始终为此类大型项目提供备份。只是不要强调它是一个备份，以确保学生参与项目并获得更高质量的成果。

在讨论项目时，我想确保我考虑到了旅行的主要目标，并尽我所能设计一次体验活动，仍然建议学生编写准确的相关科学内容。为了做到这一点，我不得不把日志看作是多页脚本式的填空作业。更准确地说，日志包含令人难以置信的表达和灵感，可以转化为一种能给他人带来价值的媒介。为了实现这个目标，我们给学生们安排了几个角色：一个编剧、三个摄像师、一个导演和一个剪辑师。

协同工作

学生们明白他们需要互相支持，而且各自的角色对项目的成功至关重要。

我现在面临的挑战是将项目从一个以小组工作为导向的项目转变成为一种真正的协作体验，这种协作体验会将该项目从仅仅是人们一起工作到完成一系列一般性任务中分离出来。

开展"协作体验"的挑战在于，我们可能会欺骗自己，以为把一群人放在一起，就会使他们在本质上发挥技能和相互支持。在那部自然纪录片的制作组中，它意味着编剧专门写剧本，或更糟的是，每个人都写剧本。当然啦，每个人都应该为写作过程作出贡献，但要给团队中有天赋的作家一个发挥的机会。

所以我放眼世界，看看谁在引领创造令人难以置信的体验潮流。就在那时，我发现自己在关注硅谷和那些在很多方面都在用技术规划未来的公司。那时候我需要确保自己的同理心全力发挥作用，因为并不是"山景城"（Mountain View）的所有东西都可以扩展，都适用于教学领域。创业文化在很多情况下由于错误的原因而正在成为或在某些圈子已经成为教育的下一个美好趋势。虽然那次谈论是在不同的时间，但却可以从"创业空间"中学到非常重要的一课，即每个人都展示自己独特的技能，更重要的是，每个人都参与其中，确保其他团队成员的成功和成长。这就是协作。

随着旅行活动的推进，我注意到学生们在寻找捕捉自然、科学实验和有趣观察的创造性方法。无论是学生把他们的 iPad 装在塑料袋里浸入水中（当然是在允许的情况下！！！）还是拍摄在温带雨林中散步的定格镜头，他们的想法都超越了填空学习，并且在努力创造一些有意义和有趣的东西。自始至终，他们都觉得，除了写日志和忙碌的工作之外，他们还有一个任务目标。他们相信有人会看他们的短片，会喜爱它，甚至会从中学到新的东西。这种新颖而陌生的学习组成部分要求学生在各方面提高自己的水平，结果有几个学生学会了如何使用专业视频编辑套件 Final Cut Pro，因为他们的灵感来自这样一个想法，即可以成为一种媒介，能够提高他们想与他人分享的内容的质量。

协作所面临的挑战在于它不是一蹴而就的成功。它需要多年的时间来培养这种水平的意识，不仅是对自己，而且是对他人。它要求你了解自己的长处，并承认自己的短处。这种思维方式不是天生的，也不是本能的，这就是为什么15岁和50岁的人无法告诉你他们对什么充满热情、擅长什么，或者他们如何帮助他人成功和成长。我认为，毫无疑问，从小学早期开始，介绍和培养这些至关重要的软技能是学校的职责。虽然许多极好的学习模式，如建构主义和蒙台梭利方法，都能

> 协作所面临的挑战在于它不是一蹴而就的成功。它需要多年的时间来培养这种水平的意识，不仅是对自己，而且是对他人。它要求你了解自己的长处，并承认自己的短处。

促进活动和体验，而不是被动地吸收信息，但我们仍然缺乏一个固定的框架来向学生介绍这些软技能，跟踪其进步，并最终能和学业知识一样重视这些软技能。

与此同时，劳动大军需要很高的软技能，大学正在努力地开发这些软技能，K-12也在等待着被要求这么做。

世界经济论坛将协作和协同工作放在各项技能的首位，以便他们能够出色地应对未来的工作。

我们如何让学生为此作好准备呢？

打破学校常规

我只知道这将是有史以来最好的体验！我和一位同事一起圆满完成了几周的准备工作，我们急切地准备和她八年级历史班的学生一起启动一个项目。

该项目要求学生弄清楚各类媒体如何创造出比传统教科书（说真的，它跟我八年级的美国历史课本是一样的！）更具吸引力的资源。当我们把学生分成小组讨论革命战争的各种事件时，谁也没想到，作为一个班，同学们会创作出一本长达 120 页的交互式图书，其中包括第一人称写作、图像、动画、角色视频和书末测验。学生们使用图书创作工具 Book Creator 制作了惹人喜爱的独立交互图书，其中包括一本关于福吉谷的冬天（the winter at Valley Forge）的书，以湖人队色彩为主题（with a Laker color theme）——后来，我们将这些书合并在一起，以至于无法将 iPad 上的 1.2 GB 文件导出到谷歌硬盘上。我们兴奋地坐下来，听取每一组学生汇报和反思项目体验。当我们问我们认为最成功的那一组他们觉得这个项目怎么样时，他们几乎异口同声地回答："我们讨厌它！"

我和我的同事感到震惊，要求同学们解释清楚，然而，他们的回答在我的脑海中瞬间让激情和火焰继续燃烧。他们说，他们多么希望自己所写的是一篇论文，完成的是一些活页练习题，应付的是单元考试。他们早就打定主意，即尽可能付出少的努力，并且他们不喜欢即兴创作。简单地说，这些学生已经掌握了学校的游戏，而我们正在打断他们的游戏。

为学生打断"学校的游戏"对我们来说绝对是至关重要的。他们需要一些时间（越频繁越好）来摆脱与成绩有关的学习。我们必须让学生明白，有时你把心血和精力投入到某件事情上，那是因为它会产生影响，你的努力能够使人们从中受益。

该媒体项目完成后，一名学生问，它是否会成为明年八年级学生的教科书。这对我和我的同事来说是一个关键时刻，因为它让我们有机会看到同学们为自己的作品感到自豪。我们当然希望它能成为一个年度项目，所以，下一步就是找出学生怎样才能向观众发布内容。在校长的帮助下，我们确定了几个五年级和八年级重叠的地方。最终结果是第二个项目聚焦于《人权法案》(the Bill of Rights)，学生根据其中十项修正案中的一项制作一个视频，风格不限。考虑到观众的理解和阅历，我们的八年级学生将视频赠送给了低年级的学生，低年级学生很高兴能向高年级学生学习。

109 协作！

展示技能

让学生展示他们的技能和能力是促进协作的一个好方法。让学生围绕使项目更有价值所需的特定技能相互调查。以前上课的时候，我曾经对学生进行过调查，旨在了解他们具有哪些制作技能，不管是艺术、设计、音乐、编程方面的还是表演方面的。给这些学生空间，让他们发光、提高小组活动的质量，这是将经典的小组合作项目带入协作领域的一个好方法。

率先垂范

率先垂范是展示课堂协作重要性的一个好方法。通过与同事协作并创造跨学科学习机会，你可以向学生展示协作是什么样的以及它可能如何影响他人。

行动计划

行动计划是确保全员参与完成项目、实现项目目标的一个极好的方法。它通过向每个团队成员分派任务并让他们各负其责，消除了小组活动中最大的障碍——搭便车。

利用实际问题

学生希望看到他们的工作和学习很重要。给学生举一些真实的例子，让他们学以致用，这样他们就更渴望参与项目，并与他人协作。

（翻译：焦隽　校对1：徐品香　校对2：焦建利）

第五章

有想法就要有行动

按照年轻人的方式教导年轻人。
——（箴言 22：6）

每个孩子都是个艺术家。
问题是他长大后如何保持艺术家的身份。
——巴勃罗·毕加索（Pablo Picasso）

本质能力(The Power of What)

卡巴拉（Kabbalah）①用一种有趣的方式看待希伯来语中的智慧（Chochman）一词。把这个词的字母分解开来，可以重新排列组成一句话，说明智慧的本质是什么，这种说法新颖而有力。智慧是一个人的经验、知识和良好判断力的概括。这个定义的确很准确，但很被动。主动的智慧是不断地寻找灵感和创造的种子，影响你身边的一切。卡巴拉的方法是把这个词分成两半，重新排列字母，构成两个新单词，赋予智慧这个词以全新的含义。（希伯来语从右向左读。）

> 智慧就是本质能力。它是以独特的眼光看待世界的能力，是一种能注意到不为他人所注意的事物的能力。

智慧就是本质能力。它是以独特的眼光看待世界的能力，是一种能注意到不为他人所注意的事物的能力。真正的智慧能力不仅在于问为什么，还在于问是什么。可以做什么？有哪些不同做法？如果我们这么做，会怎么样呢？如果我们那么做，又会怎么样呢？如果我们很早就开始这些对话，并随着年龄的增长继续在这些对话的基础上发展，我们就能利用这种力量在世界上做一些伟大的事情。

创造力最大的敌人之一是认为它始于一次灵感的闪现或完全原创的想法。

---

① 卡巴拉（Kabbalah），又称"希伯来神秘哲学"，是与犹太哲学观点有关的思想，用来解释永恒的造物主与有限的宇宙之间的关系。希伯来文原意为"接受"。——译者注

这种谬论阻碍了创造力的发展，或使其完全处于休眠状态。利用现有的想法进行创新是完全可能的。想法，类似于种子，可能包含了甚至更大的想法。你也许没能创造出种子，但是你有能力浇灌它，培育它，帮助它成长为完全独特而非凡的东西。浇灌它的水源于我们的灵感。水就是生命，我们需要与有创造力的人建立联系，尤其是我们行业以外的人，从而跳出固有的思维模式，给我们的创造力提供所需的额外矿物质。接下来的挑战就变成了如何将这些想法综合起来、重新混合，混搭成有意义的东西、很棒的东西以及属于你的东西。

在犹太神秘主义流派查西德（Chassidus）中，智慧被认为是一个关键点、一道闪光，或者一粒蕴含着这种潜力的种子。难的不只是如何在这些闪光的时刻采取行动，而是如何注意到它们。我们常常怀疑自己的洞察力，最终锁定安全而方便的想法。就像书末配套软件中的"三十圈挑战"（the 30 Circle Challenge）[①]一样，我们必须同时考虑想法的潜在质量和数量。那么，我们从哪里开始呢？我们如何利用我们所拥有的知识和技能，在灵光一现时做点什么呢？你开始播种。培养创造自信最难的部分是不要期望立竿见影或近乎立竿见影的结果。在今天这个充斥着图片分享社交应用（Instagram）、速溶咖啡（insta-coffee）和即时效果（insta-outcomes）的世界里，培养耐心是很难的，但却是至关重要的。作为教育工作者，我们知道学生掌握某些概念和技能需要几周、几个月、甚至整个学年的时间。我们必须以同样的方式对待创造信心和创新！我们不能磨磨蹭蹭，拖拖拉拉，有许多方法可以为学生提供他们所需要的时间和空间，以便他们在灵光一现时采取行动。

做速写笔记

如果一张图片胜似千言，那么速写笔记就抵万语。速写笔记是把你体验过的内容创作成一个视觉故事的过程。它可以是来自演讲、歌曲、书籍或你遇到的任何其他媒体的内容。虽然许多速写笔记的老手都有能力在现场讲座中进行创作，但这并不是速写笔记的一个简单的入门点。我最喜欢的帮助学生发挥创造力的方法之一是做速写笔记，原因在于它是一个挑战速写笔记者创建有意义的

---

① 三十圈挑战（the 30 Circle Challenge），创意活动的一种热身练习，通常是对纸上三十个空白圆圈发挥创意的思维游戏。中文版版权不包含这部分内容。——译者注

想法从何而来？

我们假装伟大的想法刚刚出现……

想法来源于对世界的不同看法。

测试熟悉事物的极限。

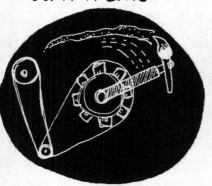

测试非传统事物的极限。

想法源于为他人带来价值的愿望……

当你着眼于____时，想法就会不断涌现。

@TheTechRabbi

字形或图标的个人过程。我喜爱速写笔记不是为了画下一个蒙娜丽莎或成为下一个毕加索，而是为了培养一种思维方式和认识世界的方式，使你将符号和文字与宏大的想法联系起来。速写笔记既是一个加强视觉沟通技能的极好的方法，同时又是能创造极好的学习和教导他人的艺术品。

通过观察基本的形状、线条和象形文字标记，我们就可以开始领会如何将一个伟大的想法融入循序渐进的学习体验。

第一项——基本形状

在 2D 和 3D 创意空间中，最酷的实现方法之一是整个世界基本上是通过组合和分割正方形和圆形来创建的。所以，如果你"不会"画人或房子，现在就试试吧。请在我的简笔画人和房子下面画你的。协作共赢！

第二项——创建路径

然后看流程和框架。除线性或垂直列表外，你如何通过循序渐进的过程来解决组织难题？

网络？［图形］

蜿蜒小径？［图形］

阶梯？［图形］

以上每一条路径都描绘了一个伟大的想法，它能够让我们回想起那些蕴含潜力的种子想法。

第三项——色彩的魅力

我永远不会忘记那本以紫色背景和黄色文字为主题的交互式书《福吉谷的冬天》(*The Winter at Valley Forge*)。当时湖人队（The Lakers）已经有近三年的时间没有参加过冠军赛了，但那颜色不容改变，让人心烦意乱。色彩理论是一种将色彩与思想、情感和行为联系起来的有效方法。红色可以代表爱情、谋杀或危险。黄色可以代表退让、幸福或新鲜。这是另一个很实际的方法，它不仅有助于我们获得技能，加强简历，而且还助于我们提升自己的创造力。

字母

物体

思想引发行动

一场 TED 演讲的速写笔记

让学生观看一场 TED 演讲,并做速写笔记。给他们可以观看、暂停和回放的材料。TED 演讲很有影响力,这种影响力表现在演讲者构建故事的方法上。南希·杜阿尔特(Nancy Duarte)在 TED 上发表了一场关于创作此类故事的精彩演讲,我所有的主旨演讲几乎都是以此为蓝本的。

要点是,在现在与未来之间起伏的故事更能引起人们的共鸣。这种方法让他们想起现实,让他们思考,让他们充满希望,使他们有机会对一个想法获得全

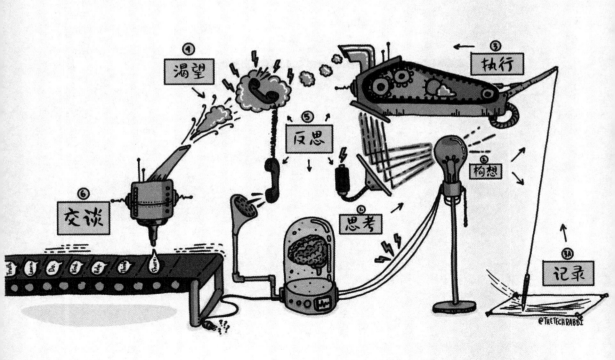

新的认识。这让他们觉得做速写笔记实在令人难以置信,因为在这么短的时间内,TED演讲的内容实在是太多了。

做速写笔记是一个很好的开端,因为它给我们一个具体的起点,让我们开始以一种全新的方式来应用我们的思维。只要有框架和配套工具来开始扩展和记录我们的思想,我们就会看到一旦我们付诸行动,想法如何发展成为更伟大的东西。

(翻译:焦隽　校对1:徐品香　校对2:焦建利)

第六章

技术只是工具

在第六个千年的第 600 年①,崇高智慧的大门将打开,低级智慧的源泉将迸发出来。

——《光明篇》(*The Zohar*)

人们有时认为技术每年都会自动变得更好,但实际上并非如此。只有当聪明的人疯狂地工作以使其变得更好时,技术才会变得更好。这就是任何技术真正变得更好的原因。

——埃隆·马斯克(*Elon Musk*)

---

① 希伯来历的第六个千年的第 600 年,即希伯来历 5600 年,也就是 1839 年。——译者注

《光明篇》里的这句话一直让我着迷。第六个千年的第 600 年恰逢 1839 年,这一年发生了工业革命和许多其他令人难以置信的社会和技术进步与突破。但绝非仅止于此。18 和 19 世纪的工业革命以及随后的革命,包括由人工智能和其他技术所驱动的第四次革命和当前的革命,背后的驱动力一直是技术怎样才能成为一种工具,为我们自己和他人提供极大的价值。我八岁时,住在南加州,为了能和远在费城的祖父母交谈,我的父母买了一套视频会议系统装置。时至今日,我也没能弄明白我的祖父究竟是怎样在他那边把它装好的。那些庞大的设备通过各种电线连接到我们家的电话和电视上,便可以看到我祖父母的 200×100 像素的模糊图像,电话里有他们的回音,他们的动作延迟 45 秒。在一次漫长的谈话中,我意识到技术正是我要用来改变世界的工具。这是因为,在我看来,拥有最新、最好的技术与其说是站在最前沿,不如说是寻找改善人们生活的办法。

请看这个谜语:

> 我是一个革命性的设备,重量轻,移动方便,可以轻松放入人的手掌之中。我有能力通过形状、文字和想法来捕捉我周围的世界。我可以开启对话,联系世界各地的人们,帮助他们协作、批判性地思维,并分享他们的创作。我可靠、可及、有效。我是什么?

一支 2 号铅笔!(说实话——我是不是把你骗了?)

我们不再将技术本身视为一种体验,这一点至关重要。我们越将其视为帮助我们完成任务和目标的工具,它的使用以及推动新技术进步的创新就越深思熟虑。有很多工具、平台、应用程序和极好的设备,但如果你不以意图和目的开始,它们都不会帮助你取得成功。

技术不仅仅是设备,它还是解决问题的方法,能够直接增强或改善体验或产出。当我们探讨技术时,通常聚焦于智能手机、平板电脑,甚至经典的超级任天堂(Super Nintendo),而很少有人会想到铅笔、空调或一串钥匙之类的东西。我们倾向于仅从电子驱动设备的视角来看待技术。一堂好的历史课应该是挑战学生探索人类交流是如何从洞穴绘画演变到图片分享社交应用(Instagram)帖子的。

消费与创造

随着移动技术的引入,学生参与和接触信息的机会翻了两番。特别是平板

电脑技术，创造了一种新的范式，用户可以以开创性的方式访问、解构、应用和共享知识。在很大程度上，技术的发展一直是一种消费驱动的体验，学校也一直保持着这种做法。今天的技术和社交媒体革命已经转变为一种赋权和创造者驱动的体验。从Youtube到Instagram，再到众多的软件和硬件公司，帮助创作者创作并确保技术使之简单快捷已成为一个新焦点。事实上，成为内容创作者比以往任何时候都更容易、更便利。需要回答的问题是，为什么学校没有在选修课程和离群学习体验之外更重视这种创作者的方法。

为了说明这一点，作为20世纪90年代的媒体从业者，你需要有接近《星际迷航》(Star Trek)水平的想象力，才能相信整部电影的编剧、策划、拍摄、剪辑和制作都可以通过一台设备完成，更不用说这项艰巨的任务是由一个6岁的孩子完成的。这种情况——如今太常见了——证明我们生活在一个令人震惊的时代。

在学校，我们发现基于小众消费的应用程序过度饱和。这些应用程序希望通过媒体和互动体验来吸引学生，但它们仍然强调直接的教学实践，对学生在记忆现状之外的挑战极小。这些应用程序的缺陷是它们继续使用低级的学习方法，更糟糕的是，它们在某种程度上比它们试图取代的教科书更具局限性。更不用说"数字化"教科书的趋势了，现在你的应用程序用一个单元，然后就被丢弃了。2014年，教育性应用程序的开发出现了大幅度增长，你可以看到诸如Explain Everything和Book Creator之类的应用程序采用了一种新的方法来处理应用程序的使用问题。这些应用程序加入了iMovie和Keynote等成熟的苹果应用程序的行列。

今天，技术在学生学习中的作用有可能发生彻底转变，它可能会强调创造而不是消费，或者至少消费的是同行创作的作品。所有的努力都必须集中在这个以创造为基础的技术整合领域。这不仅是21世纪学习的未来，也是22世纪学习的未来，甚至更远。

主动技术和被动技术

作为一项技术，铅笔是简单而有效的。但这种设备正在被新兴技术所取代，因为它是我所说的"被动技术"。被动技术往往具有单一的功能，而且一般只能以一种方式使用。随着技术的不断发展，我们发现自己越来越多地与"主动技

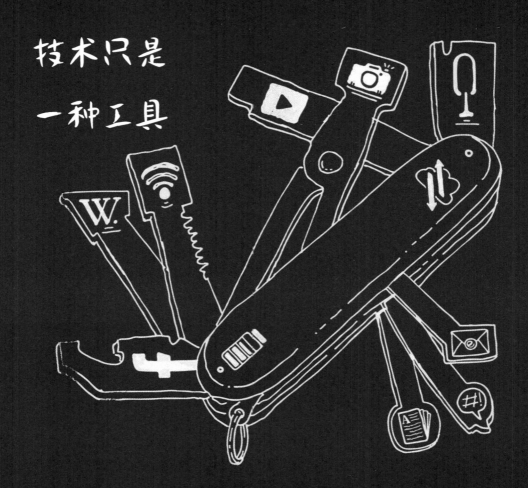

术"打交道,这些技术工具具有多面性和多功能性。这些设备具有移动性、灵活性和高效性,允许用户探索并重新定义创造力、个人表达和协作的界限。

主动输出

主动技术允许用户参与体验,而不是被动地接受体验。如果没有主动技术,课堂在获取、收集、应用和共享信息方面会受到严重的制约。但有了这些工具,课堂和个体学习者可以产生各种各样的主动输出——音频、视频和实践互动体验——这些可以作为学习资源得到很好的利用。

音频

当我们探讨教育的包容性时,想想技术能带我们走多远。在课堂上使用录音本身就是一项巨大的成就,不仅残疾学生需要,而且可能需要听两遍但不能暂停和倒带的学习者也需要。音频以一种强大的方式融入我们的社会性,促进交流和对话,并以一种新的方式获得学习的能力。尽管音频并不是一项新技术,但除了可以录制讲座的传统录音机之外,我们已经看到了课堂应用的重大进展。音频可以成为学生推断理解项目的一部分,但他或她可能缺乏以书面的形式进行同样操作的能力。简单地说,音频能够吸引很多淹没在拥挤教室里的学习者参与进来。

视频

我是以图画形式思考的。每当我调查一个群体时,他们中的大多数人都认为自己是视觉学习者,或者说视觉能够帮助他们更好地理解和记忆信息。如果说这本书中有什么值得我认真研究的地方,那就是视觉传达领域。如果你还没有听说过或读过理查德·梅耶(Richard Mayer)博士的多媒体学习理论的著作,那我强烈建议你读一读。他数十年的研究表明,毫无疑问,你在演讲过程中的要点式幻灯片比什么都没有更糟糕;它们实际上阻碍了听众内化信息的能力,因为大脑在语言文字和视觉文字之间进行竞争,几乎超负荷。

更重要的是,像照片和视频这样的视觉效果以一种不可思议的方式吸引用户,创造难忘的体验。看看电影业的成功,想想如何在不牺牲学术严谨性或诚信的情况下,将其应用于课堂学习。

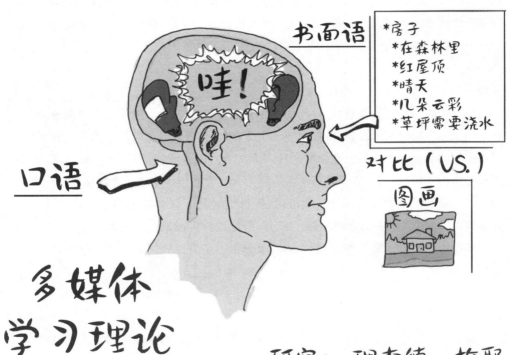

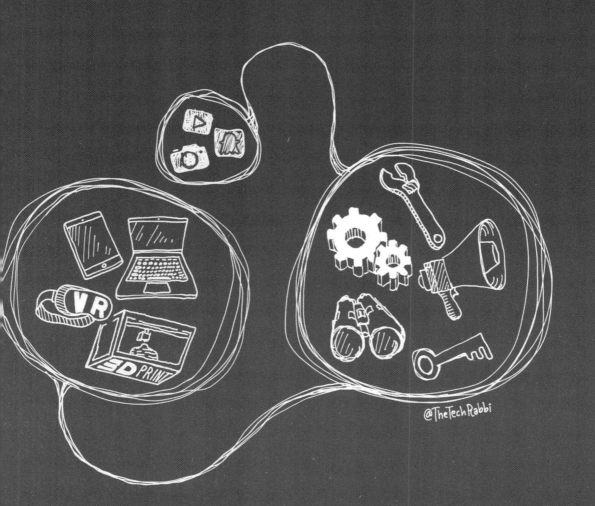

动觉

这是平板电脑技术中我最喜欢的部分之一。虽然它是从交互白板开始的，但为学习者提供一个触觉设备，让他们通过双手与之进行物理交互，这个想法确实是革命性的。通过各种动觉活动，平板电脑技术能够完全改变学习者协作、探索和创造最佳学习体验的方式。看看我在那里做了什么？仅仅是一个触摸感应设备的存在，就能促进参与学习的能力，这种学习与上文讨论的批判性思维和技能有着明确的联系。如果期望技术能够增强或改变课堂学习，那么，这种反复尝试则是必需的。

技术丰富的环境

教育工作者经常吹捧创建技术丰富的环境的好处，但重要的是要记住，数量并不一定决定质量。事实上，当有意识地使用技术时，这种使用不一定是持续性的。在许多情况下，持续使用技术并不会提高参与度。对于任何渴望创建一个技术丰富的课堂的教师来说，使用的关键问题应当是为什么使用和如何使用，而不是使用的频率。这种体验是协作性的吗？学生是否参与了自定进度的体验？他们是否在创造属于自己的东西？技术在课堂中的作用的真正丰富性在于它如何让学生以新的方式学习和表达自己。

在当今的教育中，对技术的接受和使用很多时候只是替换了一种工具，延续陈旧的过程，这虽然解决了效率问题，但却无法为学生提供更丰富、更有意义的体验。论文写作从用笔和纸到用笔记本电脑或将工作表简单地数字化的"无纸课堂"，我们作为教育工作者正在错过一个让学生成为技术创造者的绝佳机会。教育工作者需要通过培训认识到技术可能会给课堂带来哪些新的机会。在此之前，我们不只是在技术使用上本末倒置；我们是把火箭和溜冰鞋绑在这匹可怜的马身上，让车跑得更快，从而促进"21世纪的学习"。

为了让技术真正服务于学生，教育工作者必须了解企业的创新程度。在这个领域，创新是共同的和协作的。在一个真正创新的学习空间里，学生们可以突破各自的孤岛，磨炼自己的技能和兴趣，并朝着共同的目标一起努力。他们可以随心所欲意地追求知识，而不是等候看门人按照任意的时间表来公布事实和数据。在创新学习空间里，学生掌握了基本知识和技能，但这种进步并不是以牺牲创造力为代价的。

用有21世纪的工具，却是20世纪的习惯

键盘输入的终结

跟手写体说再见,告诉键盘它们的时日不多了。就在学校投入大量的时间和资金开发功能强大的键盘输入法程序时,诸如苹果、谷歌和亚马逊之类的全球顶级科技公司却在投入数十万甚至数百万美元淘汰键盘。想象一下口述这整本246页的书,虽然这在目前看来可能并不令人愉快,但从现在起五年后,这可能就是一种常态。

20世纪学习的数字化

从打字机到电视机,再到台式电脑,一代又一代人都拥有不同的工具,这些工具注定要给教育带来变革。然而,在过去的几十年里,我们看到了哪些头条新闻?看看你是否能找到共同的主题:

"电视取代课堂上的教师"《纽约时报》,1991年

"计算机能取代教师吗?"《时代杂志》,2012年

"计算机是否会取代教师?"《纽约客》,2014年

二十多年过去了,新闻头条还在问:技术在教育中的作用是否是取代教育工作者?捂脸。

造成这种持续担忧的一个原因是,我们在这个国家使用的教育模式已经完全过时了。我们的学校和课堂被困在时光隧道中,被迫在一个有百年历史的体系中运作,该体系按照年龄将学生编入索引,并在工厂式轮班中提供一刀切的学习体验。难怪有些创新者利用技术来重点提高生产力,降低成本。但这只是技术所能做的很小一部分。技术具有完全重新定义我们传统学习体验的能力,就像它已经改变和丰富了我们的个人交流一样。

无纸化革命

无纸化是了不起的、鼓舞人心的,甚至是勇敢的。但目的是什么呢?我们是要把树木置于我们的孩子面前吗?我并不是要表明立场,而是要开始对话。我们需要更仔细地考虑如何以及为什么要验证某些教育实践,因为它们会影响到我们的孩子。

数字显示确实是许多体验的形式,但我喜欢书的物理感觉,当我想要阅读有深度的东西时,总是会选择一本书,而不是数字媒体。尽管如此,我们还是疯狂

"未来设备"

注：上图中键盘上的文字为"键盘并非未来"。

> 必须将技术视为实现我们想象力的催化剂，而不是将现状进行数字化的方法。

地印刷。我猜到了一年级，普通学生已经积累了一大堆已完成的作业。归根结底，教育工作者必须认识到，将诸如笔记和读书报告之类的 20 世纪的学习体验数字化，可能会给一些学习者带来新的挑战，我们必须努力将人置于过程之前。

技术集成模型

框架和模型很棒，因为它们为我们提供了评估成功和发展领域的视角和参考点。模型的坏处就在于，它们会将你轻率分类，让你有一种挫败或陷入困境的感觉。当我第一次在 SAMR 模型上看到寓言式的信息图表时，我必须承认我很沮丧。有人把 SAMR 比作咖啡，咖啡是一种主观的饮料。对一些人来说，弗拉帕拉帕-查帕-奇诺（the Fraparapa-chapa-chino）重新定义了咖啡，但它让咖啡变得更好了吗？有必要吗？对我来说，没有什么比一杯精心制作的清咖啡更好了。SAMR 做得很好的一件事是它提醒我们，重新定义学习并不是对每项活动都合适或必要，它不是每天都会发生的。SAMR 模型还能帮助教育工作者辨别何时可能最好不用技术。在分析鲁本·普恩蒂杜拉（Ruben Puentiedura）博士的 SAMR 模型时，我们发现，替代并不能直接加强体验，可能会适得其反。一个更深思熟虑的替代应用，即一个可以增加参与度、甚至增强体验的替代应用，可以使用基于游戏的平台，通过照片或视频促进与信息的视觉联系。归根结底，技术应该像一个透镜，我们通过它来检查我们允许学生接触信息的方式。

未来十年

如果我写一本关于 iPad 和 Chromebook 的书,它很可能会在三五年内过时。这并不是说技术会消失,而是它在教育中的作用和相关性可能会发生巨大的变化,我想把重点放在那些迅速发展到史诗般规模的技术过程上。它们是计算机编程、多媒体制作和讲故事领域永恒的、不断演变的过程。通过这些镜头,我将分享一些真实的、相关的和重新构想的方法,使用技术来激发学生的好奇心,让他们以有意义的方式去体验学习。

给你的故事编码

计算机代码是一项永恒的技术,它随着时间的推移不断发展,并且仍然没有停止的迹象——尤其是在所有技术都是在某种计算机语言上运行的情况下。今天,Python 已经成为席卷全国的许多编码程序的主要组成部分。它为向年轻人传授有效的批判性思维和问题解决技能奠定了坚实的基础。

作为一名技术爱好者,我喜欢编码。构建一串代码,看着这个过程的展开,我觉得很刺激,也很有挑战性。从 HTML 到 Visual Basic,我从高中开始就喜欢上了编码,并一直把它作为我的奇特技能库的一部分。2013 年,当"编程一小时"(the Hour of Code)[①]活动启动,将简化编码引入课堂时,我问自己,有多少学生会认为编码是个严肃的爱好,甚至是一种未来的职业呢?在没有数据支持的情况下,我预测不超过百分之五。那剩下的百分之九十五呢?编码在他们的学习中能起到什么作用呢?许多支持编码的教育者会吹嘘它能够培养 21 世纪所需的种种技能,比如高阶思维、问题解决、组织和排序等。虽然这可能是真的,但使用编码作为媒介来获得这些技能的代价是什么?还有别的媒介吗?编码是最好的选择吗?

对我来说,编码是一个强大而实用的工具,因为从根本上说,编码只不过是

[①] 编程一小时(the Hour of Code):一个专门为所有年龄段精心设计的一小时教程,可支持超过 45 种语言版本,与全球 180 多个国家的数百万名学生和老师一起开始"编程一小时"。其目标不是要教任何人在一小时内成为计算机科学家或者程序专家。一个小时的时间只够让大家了解到计算机科学是有趣的、有创造力的,是所有年龄段、所有学生(无论什么背景)都能接触到的。https://hourofcode.com/——译者注

在讲一个有情节、有人物、有戏剧性结构的故事，最重要的是，有一个连续的流程。如果缺少这些元素中的任何一个，就很难吸引听众。正是通过讲故事，我经历了一些最伟大的技术集成时刻。我希望编码也不例外。

作为 21 世纪的教育工作者，我们必须将技术作为一种工具，使我们的学生不仅能够分享他们的想法，而且还要相信这些想法能够带来改变。我们必须强调 21 世纪的能力，因为它们使我们的学生能够领导、表达、解决和重新设计。仅仅记住信息并通过考试是不够的。未来需要我们有更多的东西，无论是编写下一个突破性的应用程序，还是更好地理解项目管理，编码都值得在我们的课堂上占有一席之地。我强烈建议你加入编码，不是因为你需要开发下一个新的应用程序，而是因为你的故事值得分享。

通过图片和电影产生视觉冲击

如果一张图片胜过千言万语，那么想象一下，每秒六十帧的画面可以幻化出多少文字来！我很早就意识到我是用图片思考的。不用说，当第一次听到别人用文字思考时，我相当惊讶。后来我意识到即使是由文字组成的思想也是图片。我们都是视觉动物。尽管如此，在课堂上，我们主要依靠技术支持的口头交流，形式为基于文本的幻灯片和板书。这种 20 世纪的方法不仅已经过时，而且还让大多数学习者不得不靠自己的努力将信息内化。它是用 20 世纪可用的技术开发的，主要是印刷书籍、铅笔和纸张。今天的教育工作者在为课堂上的所有学习者提供支持时，不能再忽视多媒体技术了。在探索如何在课堂上融合更多的多媒体和视觉传达时，请考虑以下三种方法：

当你看到这张照片时，你会想到什么？在教育与技术的关系这个背景下，你又会想到什么呢？依据理查德·梅耶（Richard Mayer）博士过去三十年里在多媒体学习理论方面的著作，这个图像应该为围绕它的对话创造一个视觉标记。这个图像不仅可以连接"视觉学习者"，而且还可以为所有学习者在试图记住所呈现的信息时创建一个记忆标记。这比一串要点或甚至一两句话更能为学习者创造一个难忘的时刻。

那么，如果你围绕着一张没有文字的幻灯片进行演讲或对话，会发生什么呢？

当一个人学习时，激活的感官越多，学习的印记就越深刻。因此，应挑战学生去创造包含视觉、听觉和动觉元素的学习成果。当比较工作表或论文与包含

第六章 技术只是工具

音频文件、视频、照片的多点触控书,同时促进触控和运动时,问问你自己哪种体验更令人难忘。这就使得挑战学生使用多媒体评估他们自己的知识、同时允许他们的作品用来供他人学习的想法具有变革意义。

如果你问大多数学生,你会发现他们过着双重生活。一个是在学校,一个是在校外。作为教育工作者,我们必须质疑为什么会出现这种情况。我们需要利用他们每天用来创建内容并与朋友互动的平台来弥补这一差距。这并不意味着色拉布①(Snapchat)需要进入二年级的课堂,但它确实意味着我们需要从市场营销、广告和社交媒体领域学习一点儿东西。我们必须了解视觉的力量,它不仅能影响人们,而且还能将信息植入与之互动的人的头脑中。这可以在任何内容的

---

① 色拉布(Snapchat)是由斯坦福大学两位学生开发的一款"阅后即焚"照片分享应用,利用该应用程序,用户可以拍照、录制视频、添加文字和图画,并将它们发送到自己在该应用上的好友列表。这些照片及视频被称为"快照(Snaps)",而该软件的用户自称为"快照族(snubs)"。——译者注

任何课堂上完成。多媒体使我们能够探讨如何让学生用强烈的视觉效果和一句话来捕捉学习的主题。强烈建议学生使用多媒体,以达到清晰、简洁,当然还有难忘的效果。

144　这是你的故事,所以要讲出来!

在成长的过程中,我讨厌写作。可是现在我却在出版一本书。这两者之间的差距在哪里呢?作为一名教育工作者,我发现这一切都归结为一个词——论文。我不认为论文有什么乐趣。根据最近一次谷歌搜索的结果,论文似乎在减少,这是一个好消息。

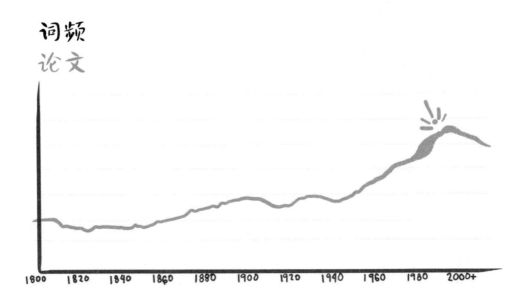

145

这并不是说论文本身不好,只是论文的框架总是以如何写作为重点,而不是以你究竟为什么要写作为重点。另一方面,讲故事需要写作并赋予它生命。我们喜欢讲故事,也喜欢听故事。故事是有灵魂的。故事吸引我们、教导我们,并挑战我们运用自己的想象力。带着这种想法,试着挑战你的学习者从激情出发,而不是为了过程而写作。给他们一点自由!让你的学生用他们选择的工具写作——铅笔、钢笔、键盘、甚至声音——讲述他们的故事。我预测这种自由将为主题句、段落和过渡注入新的活力，并赋予它们新的意义。

此外，让你的学习者探索广泛的写作，包括漫画书、小说、说明手册、杂志、传单和博客。书面文字到处都是！这种方法听起来有点过分或夸张，但这正是今天课堂上有必要发生的事情，因为这正是他们生活的其他方面正在发生的事情。

讲故事是未来！不相信我？不妨看看社交媒体。它的本质是分享，Instagram、Twitter、Snapchat 和 Facebook 都在通过照片和视频讲述故事。这不是流行趋势。讲故事可以追溯到几千年前，而且它与我们的生活交织在一起。但这些工具是新的、不同的，我们必须把它们引入课堂，使教育的核心部分保持相关性和吸引力。这就是我们培养下一代读者和作家的方法。

讲故事是未来！

为什么在数字时代我们必须以不同方式看待智慧、理解和知识　146

这三个术语的词典解释提供了有趣的见解。

我们有多少次把知识和理解混为一谈？我们有多少次把拥有知识等同于智慧？事实上，这三个词相差甚远，作为学生、教师和管理者，我的观察是，在当今的教育中，许多人认为知识是学生最高质量的输出。我不是要贬低知识的价值。了解事物是很重要的。知识的问题在于机器人可以拥有知识。它也可以有理解力。机器人所缺乏的是真正的智慧，因为这种品质有很多层次，超越了信息和综合。考虑到这一点，我提出以下问题：　147

哪个更有价值？了解一切的能力还是发现一切的能力？

研究、汇编和整理信息的能力更多地是处理信息，而不是记忆信息。值得称赞的是，要想在大多数任务中取得成功，你需要具备基本的知识水平，但如果你知道如何搜索信息并实际使用它，那么我会说你比那些为交给老师作业而记忆信息的学生进步更大。

我上周第一次看到 102 页这张图片是作为 Twitter 创意大战的一部分。作为一名设计师，我接受的训练是在寻求解决问题时寻找微妙的细节。引用这张图

智慧

名词

拥有经验、知识和良好判断力的品质;智慧的品质。

理解

名词

1. 理解事物的能力;理解力。

知识

名词

1. 个人通过体验或教育所获得的真实情况、信息和技能;对一门学科的理论或实践理解。

 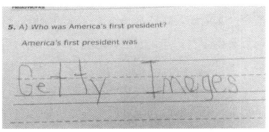

5. A)谁是美国的第一任总统?
美国的第一任总统是
盖蒂图片社

片的目的是想表明,那些在没有上下文或知识的情况下就简单地在谷歌上搜索东西的学生最终会陷入极端愚蠢的境地,将图片来源与他们应该寻找的信息混淆起来。现在我相信这张图片是被篡改过的。为什么?除了在内容放置方式上有三到四个视觉标记外,最突出的是原始图片在谷歌搜索中没有出现。想象一下吧。一个六七岁的学生,不会拼写图片(images),或者一个老师,寻找一张工作表图片,在谷歌上搜索该图片,找到了一张盖蒂总统(President Getty)的图片,但我却找不到它? 我知道用于搜索的布尔字符串(Boolean strings for searching)以及如何在谷歌上进行深度搜索,但唯一出现的图片是原始模因的复制图片。

这就引发了第二个问题,即为什么人们获取知识(也就是获取事实和信息)的渠道很重要? 如果机器人、成年人或同龄人为你提供知识,为什么其中一方比另一方更有优势? 这个学生的例子表明他并不是缺乏知识,而是缺乏理解。

所有的经历都包含着一丝美好,这次Twitter互动确实启发我找到了一些被广泛引用的关于数字时代学习主题的研究文章。

虽然肯定有研究认为技术可以而且确实会阻碍学习,扼杀学术成果,但这三个来源,包括麻省理工学院自己的终身幼儿教师米切尔·雷斯尼克(Mitchel Resnick),在关于知识的内容、原因和时间的讨论中无疑是值得思考的。其中,雷斯尼克博士明确挑战了这样一种观念:"虽然新的数字技术使学习革命成为可能,但是,它们肯定不能保证这一点。在当今教育中使用新技术的大多数地方,这些技术只是用来强化过时的学习方法。"

如果说其他行业对技术的接受和推动还不够,他还以自己的文章为平台,质疑人们在教育、学习和"信息"之间的相关性。教师所带来的价值在于他们如何培养复杂的推理和问题解决能力。我个人认为,把教师视为仅仅是传播信息的数据库,这是对教师职业的贬低。

我坚信,今天的教育仍在为如何围绕技术在知识、理解和智慧的输入和输出方面的作用来重构和重新设计学习体验而努力。我还认为,围绕技术在教学中的作用而进行的许多教育研究(与那些来源不同),都没有批判过时的教育过程怎么依旧产生平庸的结果,即使在技术融入过程中也是如此。所有其他行业都在利用技术来推进、转变、发展和改变,而教育却使用技术来验证和延续一个世纪以来的工厂式学习体验模式。

科技创新探索

如何用 Adobe Spark Post① 创建史诗般的图表

虽然不乏使用 Adobe Spark 产品的一些绝妙的、即时可用的方法,但重要的

---

① Adobe Spark Post 是一款图像设计软件,旨在帮助人们轻松创建激发想象力的图形或内容。——译者注

是要注意,使用该平台可以完全改变简单的常规任务。

以这个填空工作表为例:

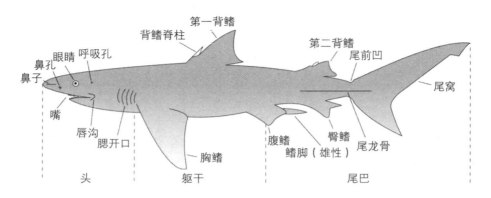

像这样的工作表很少能吸引学生,产出的结果是有 20 到 30 个复制品交给了老师。它们缺乏个人联系和表达,对让学生投入到创作高质量的作品中去几乎没有什么作用。我经常从老师那里得到的一个问题是,"是否应该牺牲内容覆盖面来促进个人表达?"答案既是肯定的,也是否定的。你该不该牺牲 6—10 小时的课程学习?我要把这个问题留给作为教师的你去决定。我要说的是

> 每位教师都能抽出20分钟时间,通过个人表达和创造来促进参与。

通过使用 Adobe Spark Post,你可以让学生创建相同的学习证据,并带有个人色彩,促进视觉交流和问题解决的技能,而不仅仅是记忆。这个项目很简单,

可以作为总结性评估项目快速完成。正如你在我的视频演示中看到的,我甚至利用一些时间在颜色和字体之间切换,以找到一些既突出又符合主题的东西。

注意:热粉色和黄色很流行!问题是如何使之成为鲨鱼的一个好的配色方案。答案是,如果你想让颜色增强人的记忆,那么是的,你应该使用疯狂的颜色!

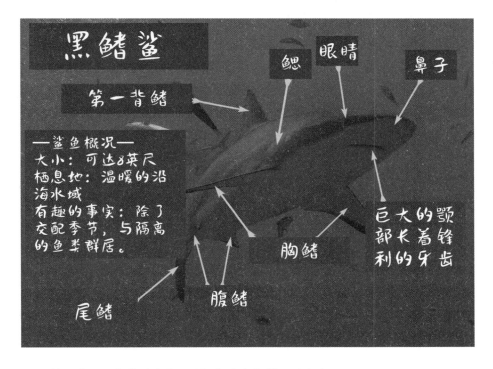

第一步:研究你的主题,以便你准备好笔记和知识。

第二步:通过选择从头开始>选择尺寸>标准>幻灯片(4:3)>下一步来开始确定你的项目大小。

第三步:搜索一张以有趣的方式表现你的主题的动态照片。想一想传统图表通常如何使用幻灯片视图或横截面的图像。你能在一个有趣的构图中找到你的物体的照片吗?

第四步:选择文本框样式。一旦设置好,就为每个标签复制它。(注意:考虑教科书的背景颜色、不透明度和行距如何改进你的设计。)

第五步:选择一个可以指向的图标。一旦设置好,就为每个标签复制它。(注意:要有创意,要考虑周全。示例中的箭头是一个很好的选择,但也许有一个鲨鱼图标能很好地发挥作用。)

第六步：通过旋转图标（箭头）和将文本框（标签）定位到正确位置来调整构图。

第七步：在你的设备上保存图片，并与你的老师分享。

第八步：可选的，但很棒。将你的设计上传到一个共享的谷歌幻灯片项目中，作为学习指南、课堂讨论稿或班级作品集项目使用。

（翻译：徐品香　校对1：焦隽　校对2：焦建利）

第七章

请勿等待批准

世人说,如果你不能在障碍物下爬行,那就试着跃过它。然而,我说,首先要跃过它。我是查奇拉·阿里伯!(I'chatchila ariber!)
——卢巴维奇的拉比什穆埃尔(Rabbi Shmuel of Lubavitch)

完美是优秀的敌人。
——沃泰尔(Voltaire)

154 　　我等了 20 年，希望有人能说："用你的艺术，做一些令人惊奇的事情。"可是我在幼儿园、高中、甚至我的第一位大学艺术教授那里都没有听到这些话。直到我毕业获得版画学位时，一位教授才告诉我这些。在某种程度上，感觉他终于允许我自由飞翔，开辟自己的道路了。我想知道这种情况多久发生一次。我们多久等待一次批准——不是因为我们做错了什么，而是因为我们在做超越的事情？向未知领域进军是很可怕的。有了创造力，这种恐惧就会成倍增加。但是，我们必须坚持自己，而不是等待专家或权威人士来鼓励我们，允许我们超越，跳出框框，或到达不再有条条框框的地方。我们必须允许自己这样做。正如古老的意第绪语①所说："一个问题自动使它不被认可。"

　　本章是为每一位因为没有得到许可而耽误时间的人写的。

重新定义"干得好"

　　学校让我们相信完美是目标，生活是一场终结性的游戏。一个完美的分数，无论是 A+、4 分，还是 1600 分，都是我们在人生前十二到十六年中成功与否的标志。传统的教育模式也让我们相信，如果我们达不到完美，我们只是普通人。然而，在现实世界中，技术、医药和商业的领先优势都是建立在反复失败的基础上的。正如我们在第二章中所讨论的，失败是一个形成性过程，而不是总结性的经验。如果我们能够记住这一点，并克服这种普遍存在的对失败的恐惧，我们将对复原力和风险承担有更深刻的理解，并最终推翻我们的工作必须是完美的这种谬论。

人生是在曲线上分级的

155 　　现在。

---

① 意第绪语（ייִדיש yidiš），属于日耳曼语族。全球大约有三百万人使用，大部分使用者是犹太人，而且其中主要是阿什肯纳兹犹太人操用此语。——译者注

这不是粗心大意、计划不周，或不合逻辑的挡箭牌。在这本书中，我所谈及的创造过程并不是满足于平庸和创作有缺陷的作品的借口。请记住，人生是在曲线上分级的，在某些时候你必须亲自动手操作。如果你幸运的话，在你完善你的工艺和磨炼你的技能的时候，会有人帮助你。

以 YouTube 博主为例。许多人认为，像凯西·奈斯特（Casey Neistat）这样的人有一天一觉醒来，制作了一些视频，现在拥有超过 800 万的订阅者，而且没有一个视频的观看次数低于 100 万。

错！

大多数成功的内容创作者是在制作了 200 到 500 个视频之后才变得引人注目或有影响力的。我之所以分享这个，原因并不是要激励你成为下一个 YouTube 明星（但是，如果你觉得自己有这个能力的话，也可以这么做！），而是想说明，一个人只有经历了无数次的不完美，甚至是不合格的视频制作之后，方能持续不断地创作出高质量的内容。学校没有教我们这样思考。媒体创作是一门选修课，将爱好变成职业所涉及的所有技能都是软性的。我们甚至不能谈论制作不完美的作品，因为这将导致考试失败、成绩不佳，以及我们所知道的世界末日。还是说，我们也可以谈论这个话题？

我们能不能为失败开辟一点点时间？我们能不能创造一些机会，让学生了解那些通过实验和探索完善产品的人？为了满足学生的好奇心，让他们有能力去做伟大的事情，我们必须这么做。我们对怎样才算干得好的看法必须有所发展。世界已经改变，互联网、社交媒体和你的激情的力量正在改变世界。技术每天都在向我们表明，没有完美或完毕，只有更新。

如何克服对完美的恐惧

令人遗憾的是，在教育年轻人抵制完美的诱惑、重新定义"干得好"并把失败视为成长的机会方面，目前还没有一本久经考验的指导手册。但我知道这会有的，因为我已经做了，如果我不得不再做一次的话，我会使用以下三个策略：

找个导师

如果你请成功人士列举帮助他们取得成功的做法，那么我几乎可以保证，好的导师是其中一个因素。导师很有影响力，因为他们是活生生的例证，能够向你

完美是成功的敌人。
　　　　　　——沃泰尔

证明什么是可能的，并且在推动你前进的同时，能够帮助你避免典型的错误。就拿我来说，我的导师们对我的成功起到了重要作用。无论是精神导师、专业导师，还是教我如何成为好父亲的导师，他们每个人都为我的生活带来了价值，帮助我变得更加强大。那你怎么找到一个导师呢？有些人可能从远程导师那里受益。我的远程导师是蒂纳·西利格（Tina Seelig）。截至本书出版时，我从未见过她，但我读过她的书，在社交媒体上与她接触过，甚至还有机会通过电子邮件与她交谈过。我的另外一个导师是摩西·莱文（Moshe Levin）拉比，我几乎每天都和他交流，请求他的指导。其他导师出于善意也给予了我帮助，但是他们希望保持匿名。无论你是在哪里找到你的导师，请确保你找到的人是专心于自己的工作，并乐意帮助他人成长的人。

建立你的品牌

如果你和高中生一起工作，请把他们介绍给领英[①]（LinkedIn）。帮助他们了解如何建立专业网络，与特定领域的人建立联系，并撰写简明扼要、不让人觉得拗口的简历。通过建立专业的在线形象，学生将更加了解什么是真正的失败以及如何应对短期的挫折。

探索有趣的体验：我在高中工作的时候，我的目标是确保每一位学生在毕业时至少参与过一门慕课的学习。不论是"项目管理"、"酿酒"，还是"Python 入门"，变得有自知之明和了解自己擅长什么的最好办法是在极可能失败的事情上下功夫。修读一门慕课或其他在线课程，能够使学生有机会在没有终结性评估压力的情况下成长，并学到他们认为有价值或有趣的东西。

避免进行比较

在你的创造之旅中，你将与各种各样的人互动。我看到非常有才华的人取得了成功，他们通常与我的工作属于同一个领域。他们环游世界，受到追捧，并且总是在那些顶级创新者文章中排名靠前。这绝对令人望而生畏，有时还会让你对自己以及自己所提供的东西产生怀疑。但这些看法都是谎言，它们是完美谬论的有害副产品。不要拿别人的中点与你的起点做比较。这样做只会阻止你

[①] 领英（LinkedIn），启动于 2003 年 5 月，是一个面向职场的社交平台，总部设于美国加利福尼亚州的森尼韦尔。2011 年 5 月 20 日在纽约证券交易所上市。领英致力于打造"一站式职业发展平台"，帮助职场人连接无限机会。——译者注

> WHEN YOU COMPARE YOUR BEGINNING TO SOMEONE ELSE'S MIDDLE, YOU MISS THE CHANCE **TO CREATE** YOUR OWN JOURNEY.
>
> @THETECHRABBI

当你将自己的起点和别人的中点进行比较时,你就会错过创造自己旅程的机会。

在这个世界上留下自己的印记。

爱好成为职业

2018年，我有幸成为ISTE大会的主旨发言人之一。我首先要说的是，虽然我对自己的专业知识和出色的工作表示认可，但是，毫无疑问，这是上帝创造的奇迹。我相信，当你为人诚实、善做好事、乐于助人时，上帝会带你到达理想的彼岸。试图阻止这一成功的是我脑海中仍在追求完美的声音，即如果这次演讲搞砸了，我会让成千上万的人失望。

创造性地思考充满挑战。这是个无法回避的事实。不管是资源和工具的限制，还是场地、甚至是协作机会的制约，总是会有一些理由耽误启动。想想YouTube领域及其明星、影响者以及成功的创作者。当你关注像马克斯·布朗利（Marques Brownlee）、彼得·麦金龙（Peter McKinnon）和萨拉·迪茨基（Sara Dietschy）这些富于创造力的人的时候，你会发现这三位天才人物拥有数十万到数百万的订阅者和浏览量。总之，他们做自己喜欢做的事情，并从中获得回报。

比方说，你尝试使用YouTube。在拍摄上传了十几个视频之后，你可能会开始把自己与其他更成功的人进行比较。你关注他人的意见，开始怀疑自己的愿景、信息以及想要表达的一切。为什么人们对我的作品不感兴趣？我一定是没有创意。我一定是没有才华。我一定是没有吸引力。

错！

创造性地思考充满挑战。

我选用YouTube创作者作为例子的原因在于，很多人并不尊重或重视内容创作行业。假如一位六年级的学生告诉你，她想成为一名YouTube博主，想围绕她对野生动物保护或化妆的热情创作视频，你会有疑问吗？以米娅（Mya）为例，也叫全职孩子（FullTimeKid），她为将近80000名订阅者创造了她所说的"有趣的教育技巧、可爱的手工艺品、歌曲和惊喜，孩子和家长都会喜欢"。她热衷于围绕自己的兴趣创作视频，并在父母的支持下实现了这一目标。为什么学校就不能成为激发和培养这种激情的地方?

我曾经读过一篇文章,讲述一所学校实际上禁止学生将创作视频作为职业日活动的首选。然而,它不仅是一个价值十亿美元的行业,而且其他大多数行业都在关注这些内容创作者,以学习讲故事、评论产品、操作教程和教学。是的,教学。大多数成功的 YouTube 博主,包括上面提到的,都是教育工作者。他们没有意识到这一点,甚至可能会否认这一点,但他们正在向数百万人传授技术、媒体创作和讲故事的知识,并从中获得乐趣。他们的成功不仅在于他们的观点或明星身份,而且还体现在他们所带来的价值。他们之所以能够提供价值,是因为他们在围绕自己的特定爱好进行探究、规划、实施和提高其沟通和读写技能方面很有天赋。

过去,家长们梦想他们的子女成为医生、律师和宇航员。现在,学生们比以往任何时候都更有能力做他们想做的事情。有了互联网,任何愿意投入工作的人都可以根据自己的热情、兴趣和才能来建立自己的职业。

我想强调的是,要想在内容创作领域取得成功,你必须具备出色的口头、视觉和书面沟通技能。我曾经和一位在广告界工作的朋友交谈过,我告诉他那个

我们帮助学生懂得良好的沟通和讲故事的能力至关重要。

非常有趣的产品广告让我大吃一惊,我意识到我既想不起那个公司的名字,也想不起它卖什么。但它是一个很棒的视频,我花了好几分钟的时间谈论它。我的朋友告诉我,这就是创意广告和创意视频之间的区别。即便有一个充满幽默和讽刺意味的好剧本,但你还是无法有效地把你的信息传递给观众。在仔细琢磨他的话之后,我突然意识到,我们经常给学生布置媒体内容项目,并大肆鼓励"要有创造力!",结果他们所创作的主题的核心信息被淹没在娱乐性的花边之中。

我们帮助学生懂得良好的沟通和讲故事的能力至关重要。这让观众记忆深刻,说明成为有实力的教育工作者、促进者和教师的影响力。这些创作者发展迅速,是因为互联网为他们提供了平台,全球受众都来这里寻找价值。你不必等到获得大学学历、网络支持、内部人士或可靠的简历,你只需要想创造一些能为他人提供价值的东西。

不要等待,开始行动吧!

我成为一名教育工作者的理由就是要消除完美的错误观念。我想教导年轻人摒弃这样的谬论:任何不完美的东西都是普通的,甚至是失败的。这种教育方式是很危险的。它剥夺了学生承担风险和成长的机会,而是告诉他们要等待完美的结果。

如果我等待完美,我可能已经错过了做以下事情的机会:
* 写博客
* 在社交媒体上分享
* 在会议上发表演讲
* 为教育工作者举办研讨会
* 创建与高档家具无关的、灵活的学习空间
* 围绕创业制定方案,这些方案很难评估并转化为数据,但却可以改变学生的生活
* 撰写这本书
* 与我的读者建立联系,并围绕教育创新和设计创建一个社区

我们每个人都有很多机会。我们所要做的就是开始。

帮助你启动的原型

原型速成

原型速成是让你入门并停止过度思考和等待完美的绝佳方式。其过程简单明了。你创建由五六人组成的团队，给他们一定的时间和材料，让他们创造一个解决问题的原型。

家庭作业机

我通过作业机把原型速成介绍给学生。我给每个组发放以下材料：

1. 一张卡纸
2. 十根吸管
3. 一卷胶带
4. 五支尖头笔
5. 三张纸
6. 六把（安全）美工刀

我给他们介绍谢尔·希尔弗斯坦（Shel Silverstein）的诗《家庭作业机》（"The Homework Machine"），并挑战他们在 30 分钟内创造自己的家庭作业机。完成挑战后，每个学生必须用一两句话分享他们的作业机的一个功能。这项活动总能让学生全神贯注，想象力爆棚，而且几乎随时可教，无须等到想出办法、完善它或一出手就拿出专业产品。

（翻译：徐品香　校对 1：焦隽　校对 2：焦建利）

第八章

创造力是一种亲身体验

没有失败的创造力就像没有攀登
就被带上了山顶。这可能很有趣,但不是成就。
——乔纳森·萨克斯(Rabbi Lord Jonathan Sacks)

预测未来的最佳方法是创造未来。
——阿伦·凯(Alan Kay)

168 　　回顾过去创造力爆棚的那些难忘时刻，你可曾记得？你用了多少个工作表？有多少项目有单独而明确界定的成果要求？死记硬背不可能激发创造力，但是，当学习体验是开放式的，旨在唤起人们的好奇心和求知欲的时候，创造力就会蓬勃发展。在这样的空间里，年轻人能够参与学习实践活动，发展不会轻易被机器或计算程序替代的技能和专长。他们享受动觉的自由发挥，这能够磨炼和提升人们与生俱来的、有时却是藏而不露的创造力。

自我意识的关键是尝试

　　自我意识现在很流行。大多数商界励志大师都把它吹捧为成功、幸福以及两者之间的一切的关键。虽然他们言之有理，但是，令人遗憾的是，有人在走出校门十到二十年之后才发现：他们(a)没有自我意识，(b)所做的事并不是他们喜欢做的，(c)感到无助，无法应对这种挑战。我很幸运。因为高中考试不及格，没能升入顶尖大学，但是，这是个巨大的优势。这种境况迫使我不得不认真考虑我要做的事情。要给自己创造未来，我必须搞清楚自己擅长什么。我永远无法摆脱的具有讽刺意味的事是，根本不太关心教育行业的我，最终是怎么从事教育行业的。从事教育工作近九年来，我一直满怀热情地帮助学生和老师从我的错误和发现中学习。

170 　　自我意识始于好奇——而且是六岁时，而不是二十六岁时！想一想，"五年后你想在哪里？"，这应该是个不难回答的问题。如果你没有很强的自我意识，那么答案将取决于你的工作、金钱或你的产品。创造力深深根植于你为他人提供价值的愿望。有了自我意识，你就会了解自己的长处和短处，并懂得如何利用周围的力量来实现这种价值。这种方法可以让你更好地观察自己独特的天赋。你不是律师，你是个天资聪慧的谈判家。你不是医生，你是个天资聪慧的问题解决者。你不是教师，你是个天资聪慧的导师。这种思维方式是情绪智力（情商）的核心。

171 　　在我的创业工作室的课程里，我认为学生最大的成长是自我意识方面。有了自我意识，学生更愿意接受评论和批评，能坦然面对失败，也更愿意返工和改

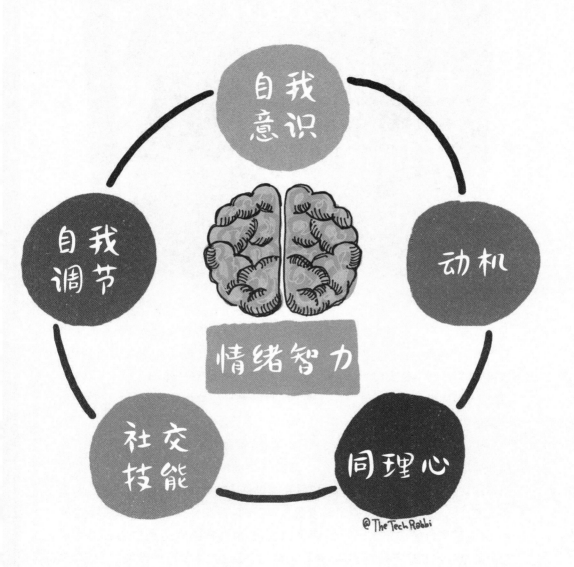

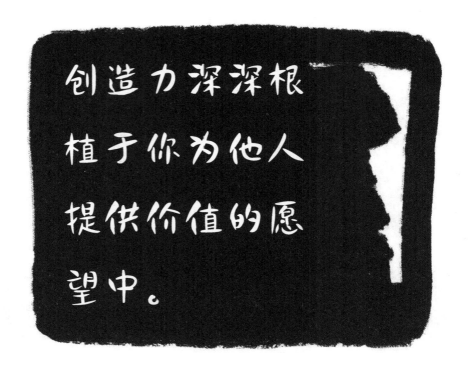

创造力深深根植于你为他人提供价值的愿望中。

进自己的项目,运用创造性思维把工作做得更好。当然,我希望一群学生能想出下一个爱彼迎(Airbnb),并能扩大他们的公司规模,放弃上大学,赚取几百万。这很好,但这并不是成功的试金石。我的衡量标准是,在一年的尝试中,学生的思维方式是如何转变的,他们所表现出的自信水平和愉悦程度如何。这种自我意识存在于学生最有趣的体验中。

让我们以约翰和阿历克斯(John 和 Alex,不是他们的真实姓名)为例。约翰和阿历克斯是高中二年级的学生,怀揣梦想,追寻梦想。他们想开发一个应用程序。他们向我保证他们已经按照我的讲稿中传授的那样进行了头脑风暴和研究。他们现在正处在原型开发阶段,无比兴奋。有一天,瑞克(Rick)走进来,打开手机给他们展示其应用程序创意,这瞬间就摧毁了他们的希望和梦想。那个应用程序不是他们的,是别人的,人家的初创公司已经发展壮大,获得了超过5 000万美元的风险投资。当我看到他们遭受打击后重新振作起来时,我和他们坐下来反思这一过程。他们问我:"这是怎么回事啊?我们花了这么长时间才想出来的点子,怎么就已经变成应用程序啦?"我问他们是否做过调查，他们坚定地说他们做过。他们的确做过调查，但是，他们的能力仅限于用谷歌搜索"停车应用程序"。在 30 秒内，我能够通过一个名为 Crunchbase 的数据库找到前十名与停车有关的初创公司，该数据库为我提供公司信息，包括公司的发展、资金、收购和团队成员信息等。当然，自我意识根植于你对自己的爱好、价值观和道德观的了解程度。这些都是非常抽象的存在状态。更具体的技能是你的调查能力如何。如果你不了解你周围的世界，不知道有哪些资源、可利用的机会和新型创新，你怎么培养这种自我意识？如果我们能够在早期培养学生的自我意识，那么，他们就会明白，与调查相关的技能是极其重要的。

这需要一种技能。这种技能是许多学生从无用和无聊以及只在学校所做的事情中逐渐发觉的。《福布斯》则指出，初创企业失败的首要原因是"没有市场需求"。这听起来不是很基本的东西吗？的确，资金耗尽、缺乏合适的团队、被竞争淘汰等，这些都是真实的商业挑战。不过，它们并不是最大的挑战。最重要的原因是市场调查不力。这是一个大问题。

探索和培养自我意识的时间不是在九年级，而是在上幼儿园的时候。他们的成功将使中等教育及以后的学术知识和技能变得更有意义。"这有什么意义？"与其说是关于主题或活动的问题，不如说是学生无法将这些经验或知识融入生活的问题。如果学生真的无法将这些经验或知识融入他们的生活，那么我们作为教育者最好质疑遇到阻力的任何事物的目的和作用。当你了解数学、历史和科学的长期重要性和应用时，它们会变得更有意义。如果只是为了升学考试而必须学习什么，那就别指望学生在你的课堂上能专心听讲、做更多的功课了。

让我们实际一点。不管你是六岁、十六岁还是六十岁，培养自我意识永远都不晚。以下是三条建议，可以考虑。

实验体验

不管你叫它什么，20%的时间、热衷的项目或者天才一小时，学生都需要在学校的结构化和导师支持的空间内参与到无脚本的开放式体验活动之中。我知道几乎没有时间，但是想想学习的意义（培养他们的爱好、毅力和问题解决能力），你需要权衡学生不学习这、不学习那的风险。想象一下，如果开学的头两周就该投身于以设计为导向的体验，专注于探索、团队建设和帮助他人会怎么样？

想象一下，此后的班级动态会是什么样子！

反思

　　反思卓有成效。它几乎是任何成功人士的一个重要特征。不管是史蒂夫·乔布斯、埃隆·马斯克、梅格·惠特曼（Meg Whitman），还是雪莉·桑德伯格（Sheryl Sandberg），反思都是他们生活的重要部分。当失败不再被视为敌人，冒险能得到鼓励的时候，学生才能学会反思的艺术。随着时间的推移，它将不仅仅是一个被动的和反射性的过程，而是一个主动的和有意的过程。犹太教中有一个有趣的习俗，叫作 Cheshbon Harefesh，翻译过来就是对灵魂的交代，很多人都参与这个习俗活动。在遵守这一习俗的过程中，你会用两个问题来结束一天的生活，一个是在早上提出，另一个是在晚上提出：

1. 今天我会做什么好事？
2. 今天我做了什么好事？

　　反思听起来很简单，但在实践中，要坚持下去确实很有挑战性。它让你思考你是谁、你在做什么；哪些地方可以改进，哪些应该去掉，哪些可以引入。对教育工作者来说，真正的反思肯定比填写工作表或完成为期三天的脚本活动更难。但是，它却是一项能够丰富学生生活的终身技能。可能不是今年，甚至不是在毕业前，但是当你的三年级学生年满 34 岁时，他们可能会记得你给的机会和培养他们创造性思维的鼓舞人心的故事。

176　**学生教学生**

　　学生通过教别人来学习，这并不是一种新的方法。这种教学法成为课堂学习的一部分已有几百年、甚至可能有几千年的历史了。随着技术的进步和职场对协作实践的重视，作为教育工作者，我们有极好的机会推广促进学生学习实践的新方法。有多种平台可以发挥作用，但主要的驱动力必须是技术、发表和学生的学习怎样能够成为为他人带来益处的工具。在我看来，这种方法的灵感来自爱荷华州的教育家艾琳·奥尔森（Erin Olson），我是在推特上与他联系的，最终，我们在一次 ISTE 会议上见了面。那条推文将永远改变我的教育方式，促使我对培养学生进入一个重视帮助和指导他人的世界的奉献。

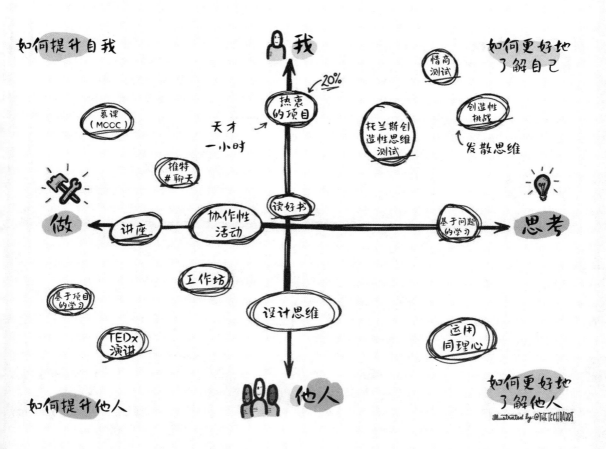

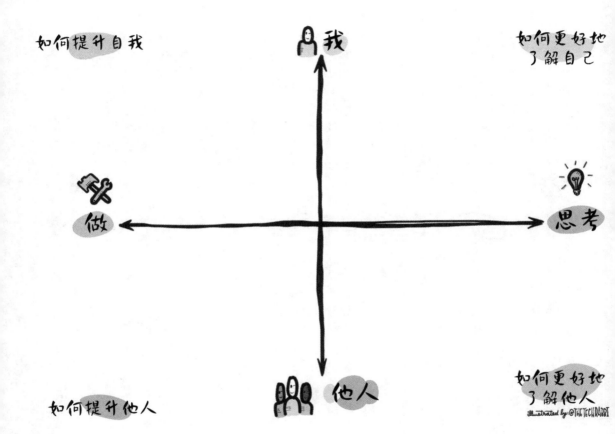

第八章 创造力是一种亲身体验

Erin Olson
@eolsonteacher

老实说，我给的最好的评价是这样的评价，即他人必须从学生的学习中受益（礼物）。

#1to1sbl

6:43 PM - 21 Jan 2015

> 我已经看到这种方法在跨年级、跨学科的很多课堂上发挥了作用，并产生了相同的结果。

学生们努力追求高质量的工作，因为他们的受众对他们很重要。
学生们突破创造力的界限，向他人展示他们的伟大之处。
当有人拿着学生们的作品并用它做点什么的时候，他们就觉得自己有能力。

他们能发表什么？

无论是研究、他们的个人旅程和学习成长，还是他们的爱好如何与课堂主题相关联，都有一个地方可以让他们发表作品、教授他人。历史、科学、英语，甚至数学都有可能让学生发表作品、促进学习，从而改变他们的课堂。

他们怎么发表？

有一些极好的应用程序，非常适合学生创建内容。其中许多应用程序，如Adobe Spark、Book Creator或苹果的iWork，都是久经考验的创作平台。我无法想象这些应用程序中的任何一个会在未来五年内消失。原因是他们的输出方法注重创造性。音频、视频、照片和文本都是这些应用程序的创意生态系统的重要组成部分，这些媒体在所有技术和所有行业中都具有相同的影响力。

没有的东西,就自己做

秋季,我将和我的 2020 级高中生艾丽尔·马萨诺(Ariel Mansano)一起发起一个独特而激动人心的项目。该项目是一个名为《超越测试》(Beyond the Test)的播客。该播客的使命是与各行业正在创新的专业人士联系,并与高中生分享他们的爱好、自我意识和追求梦想的故事,让他们相信自己也能做到。

你可能想知道这个播客是否与其他播客有所不同。在回答这个问题之前,让我先分享一下这个项目的一些背景。首先,我得承认我有一点儿(不是一点儿)沉迷于播客。我发现自己每天都会多次沉迷于播客。我也在我的创业者星火工作室课程中和我的学生们谈了很多关于播客的问题,以至于可能已经开始变得令人讨厌了。你有这个问题吗?你听过这个播客吗?你想了解它吗?以至于有一天,我的学生艾丽尔投诉了我。他说:"如果我想做生意,有播客。如果我想做市场营销,有播客。可是,要是我不知道自己想做什么呢?没有可以让高中学生了解生活的播客!"我下意识地作出反应:"那你为什么不自己做呢?"就在那一刻,我意识到创造力和创业精神更多地是解决其他人可能不会注意到的问题。风险在于能够确定没有人注意到这个问题的原因是否是因为它实际上不是一个问题,而是因为它完全是另一篇博客文章。

所以,我们着手创建该播客,我们就是这么做的。

我们从一份有吸引力的人和行业名单开始。我们联系了 30 多个人,令我懊恼的是,他们居然作出了回应!我说懊恼是因为这不是我第一次推出播客,但大多数人在第一次的时候没有抽出时间接受我的采访邀请。当我说是与一所高中的学生共同主持时,反应迅速而热烈。这很有趣,对吧?

然后,我们编写了一系列基础问题,原因有两个:一是通过每位嘉宾对这些"基本问题"的不同回答,我们为有关创造性地解决问题的不太可能的轶事调查创造了可能性。在录制了第一季的 10 到 15 集并边听边做笔记之后,我们实际上就有能力综合伟大的思想领袖、有影响力的人的以及业内公认的专业人士的想法了。为了使每一集独特而有趣,它还允许根据对话流程提出有机的问题。

接下来是设定、策划和安排项目的沟通、进度和技术端的工作,这本身就是一个需要克服的巨大挑战。我们跨越了四个不同的平台,努力寻找最简单、最可靠的方式,与全国各地或世界各地的人一起录制播客。

超越测试

播客

每周四新的一期亮相！

最后一点就是享受乐趣！我的共同主持人在我的 ISTE 主题演讲期间接受采访时说，当他在采访一位苹果公司的前副总裁时，一直面带微笑。那是因为他有想法，有计划，并为此做了一些事情，最重要的是，他试图为他人提供价值。

181 该播客有来自 Twitch、Snapchat、虚拟现实行业、电子竞技行业、社交媒体营销行业的嘉宾，还有一位是苹果公司的前高管，因此，它充满了令人难以置信的创新力量。

该播客与众不同，因为它为大多数播客创作者所考虑的人群之外的受众带来了好处。

这就是创造力的全部意义所在。以不同的方式看待世界，并为此做点什么。

（翻译：徐品香　校对1：焦建利　校对2：焦隽）

第九章

用心去做

真正的成功是内心的成功。
——约瑟夫·阿尔博拉比(Rabbi Joseph Albo)

内心是什么？它像电一样——我们并不真正知道它是什么，但它却可以照亮心房。
——雷·查尔斯(Ray Charles)

184　　这就是我变得有点儿像拉比（get a bit Rabbi-ish）的地方，但不要惊慌！内心是一种强大的东西。它集"加倍努力"、"超越自我"，以及"嘿，我不知道我有能力做到！"于一体。如果你的大脑是发电厂，那么你的内心就是燃料。你无法指向内心，因为你的内心就是你。它是你的灵气和精髓。创造性成功的一个重要因素是个人魅力，也就是使你成为你自己的独特特质。当你深入你的内心时，你的想法就会很活跃，你就可以开始以一种更有意义的方式去制作东西、解决问题、做事情了。你无法测量或衡量你的内心，因为它是无限的。它能创造无限——你的想法永远不会枯竭！

出乎意料的创造力带来的喜悦

当谈到学习新东西时，我总是如饥似渴。要是一天或一周过去了，我没有学到新东西，我就想告诉自己："迈克尔，你这样是不对的。"我之所以如饥似渴地学习新东西，是因为成为一个终身学习者意味着你永远都不会有做完的时候，永远都不会满足，而且永远都不会自满。自满是毒药。拒绝寻找新想法、紧跟新趋势、学习何时调整方向和加倍努力实现个人职业发展是有害的。这对个人是有害的，对大机构尤其具有破坏性，在那里领导者可能会屈服于我所说的"大片式的愿景"。这就是当你看到竞争对手（网飞公司）用一种疯狂的新方式扰乱你的行业时，你却将其视为一种时尚，以致最终破产。自满使你在原地踏步，而世界其他地方却在前进。

自满是毒药

185　　在课堂上，自满的威胁尤为突出。教育工作者每天必须通过激发学生对知识的渴望来对抗它。如果我们想让孩子们掌握阅读、写作和算术，就必须向他们灌输学习和成长的愿望。这种信念促使我创办了所谓的"创业星火工作室"。那时,我刚在一所新学校担任创新主任才一个来月。新课程不是为了教学生如何开始创业而设计的。它的目标是让学生如饥似渴地学习、发现新事物,也许还会哭上一场。

一开始就有两件事令我震惊。一是许多学生热切地自愿放弃午餐时间和一周的休息时间去上另一门课。二是我观察到这些学生在按照自己的条件学习时表现出更高层次的动机和奉献精神。想想看,这些孩子从早上 7:30 到下午 5:00 都在学校,按照课表安排一天要上九节课,但是,他们还愿意选择多上一节课。他们为什么要这么做呢?答案很简单。他们热爱学习。

我相信每个人都热爱学习。可悲的是,对许多学生来说,当他们被迫进入工厂式的学习环境中时,他们学习的欲望和乐趣就会消失。因此,我们的学校比现实世界落后了十年,这让许多教育工作者对新兴或潮流技术持怀疑和恐惧的态度。2018 年,我们仍在讨论技术在教育中的作用,这一事实证明,学校制度出了问题。学校制度禁止使用手机和社交媒体,而他们的学生则在课堂外花数小时沉迷于 YouTube、Instagram 和 Snapchat,你猜怎么着?他们在学习。这可能不是你对学习的定义,甚至不是我对学习的定义,但他们所做的符合教科书对学习的定义。

学习是获取和更新知识、矫正行为、提升技能、调整价值观和爱好的过程。它很重要。而在我们国家,教育在没有咨询其主要对象的情况下就决定了什么是有价值的。还有哪个行业会这么做呢?我认为,学生是被遗忘的利益相关者。

我们怎样才能吸引青少年的思维并增强他们的创造能力呢?那就是让我们的课堂贴近现实。无论是技能、内容,还是获取知识的能力,学生都必须更加了解周围的世界。以 1971 年成立的非营利智库世界经济论坛为例。它的大型年会吸引了全球观众,包括世界主要领导人、行业大亨、艺术家、音乐家和各个领域的创新者,然而教师和学生几乎无人知晓。我们的高中生不必花一个月的时间去阅读一些过时的文本,而可以收听论坛,观看关于气候变化、艺术、教育、世界贸易和公共卫生的发人深省的讨论。这些真实世界的对话可以为普通高中英语课所要求的调查、分析和写作提供很大一部分语料。这是否意味着放弃《哈姆雷特》和《杀死知更鸟》?也许是吧。如果真是这样,那么,这就是影响我们教育系统的绝对观念的另一个征候。

答案是什么?在拒绝改变的环境中,我们如何设计一个方案来应对这一挑战?我们如何确保学生在理解和应用方面获得显著进步的同时又能提高其参与度和积极性？这需要一个有意设计的过程，它不是以学生为中心，而是以人为中心。设计思维是以人为中心的，这就是解决方案可持续的原因。以下是我在创业星火工作室工作中总结出来的五个小贴士，可以帮助你拓展学生的创造力。

187

1. 了解学生的兴趣（换位思考以了解他们）

这似乎非常简单，我给学生讲述自己生活的机会。我的调查要求他们对自己的兴趣进行排序，当有些学生在列表中找不到自己的消遣方式或兴趣时，我来解决这个问题。

2. 帮助学生形成自我意识（明确问题或挑战）

你有自我意识吗？你是怎么拥有自我意识的？使用简单的个人发展计划后，学生认识到自己的技能和价值及其在工作中的重要性或者别人怎么看待他们的能力时非常困惑，这令我兴奋不已。这个个人发展计划犹如一个路标，指引他们如何开始自己的成长过程。

3. 逐渐掌握（构想计划或可行性）

学生活在当下。他们的记忆中留存的是章节、单元、学期和学年。当我要求我的学生制订行动计划以掌握某项技能时，这对他们中的大多数人来说就像是第一次骑自行车一样。当学生们发现大多数技能，比如应用程序开发、产品设计和商务管理等，需要20周、6个月、两年或更长时间时，他们无法理解他们如何在一个学期内实现这些。答案是他们做不到，但这不应该阻止他们。我鼓励他们扩大任务范围，做好工作。最后，他们能够看到12到16周的进展情况，反思哪些有效、哪些无效，进而修正课程。这有点像生活，对吧？

188

4. 抛开完美，开始行动（试制你想看到的原型）

原型并不是完美无缺的。它们粗糙、有缺陷并且包含错误。这就意味着要从中学习、从中构建，并确保2.0在各个方面优于1.0。这个概念是从计算设计中借来的，主要与在应用和实践中学习有关。我们不需要在第一次尝试时就把事情做到完美，因为大多数第一次尝试都是有缺陷的。这种方法与传统教育不一致，我们需要解决这个问题。对大多数学生来说，测试启动公司的方法、学习一套新的技能或与他人合作以利用其独特的天赋是完全陌生的体验。我发现学生们问我诸如此类的问题:"如果我在学期过半时意识到这不是正确的方向怎么办?"或者"如果我觉得我无法掌握这项技能或推出我的产品会怎么样?"。我的回答总是"停下来,认真思考,改弦更张"。这让人有点困惑,但它是有道理的。停下来,认真思考,改弦更张。我深信他们意识到改变方向是可以的,并且当你朝着不同的方向前进时,你在一条道路上学到的新技能也是有益的。当我们拒绝孤岛思维并开始向学生展示如何进入新体验时,他们就会发现生活中的联系比我们所认识到的要多得多。

5. 试试吧!你做了就知道了(试验了就清楚了)

传统的学校教育并不重视应用知识。我不想这么说,不过记住事实和信息片段可能会激起兴趣,但这不会引发任何形式的行动。不,透视画不算,几乎照搬其他班级小组的某个课程主题的小组项目也不算,学生需要体验制作别人使用和互动的东西。当学生开始使用谷歌幻灯片构建应用程序的原型时(请继续关注该项目的工作流程),他们明白,如果体验没有意思、不明确、不刺激,那么愿景、想法和内容就毫无意义。创造服务也是如此,试验不仅意味着接受批评,而且实际上是在寻求批评,并希望利用批评来改进你正在做的任何事情。

我就是这么扩展我的创业工作室的课程的。我就是这么帮助学生成长的。我也是这么利用学生对学习的热爱,让他们以以前难以想象的方式成长并发展技能和能力的。更令人惊喜的是,他们将基本素养和核心课程理念融入其工作的程度。以下是详细情况:

数学——产品设计、应用程序开发和机器学习——所有这些都需要高级问题解决能力、对变量的理解以及对准确性的高度重视。

英语——电梯推销、演讲、白皮书以及研发和开发都要求写作和交流准确、原创,并具有最高质量。如果你认为英语老师无情,那你就从来没有遇到过风险投资家。

历史——"如果你不了解过去,那你注定要重蹈覆辙。"这不仅仅是一句口号,而是现实。研究和连接行业事件和发展的共同线索的能力就是"商务101"。

科学——你想看到化学、物理、技术和产品设计的碰撞吗?那就建造一个悬浮滑板吧。这不是开玩笑!当涉及生物技术和其他科学技术混搭时,有很多方法可以让科学超越 STEM 脚本体验。

有很多方法可以把这些核心素养和课程主题融入真实而相关的领域。你在为设计颠覆的方法而做什么呢?

> 你在为设计颠覆的方法而做什么呢?

发现的力量

当我和一个十一年级的学生坐在一起的时候,他开始和我分享他想弄清楚人工智能(AI)怎样能帮助人们完全控制他们的梦想。这是一个令人惊喜的想法,可是你从哪里开始呢?他毫无头绪,我努力保持教育家或任何"专家"无所不知的形象,开始向他提问。我问的问题并不是需要他回答的问题,而是需要他去付诸行动的问题。生活中的一大挑战是你不知道自己不知道什么。所以,当你不知道的时候,你会怎么做?不仅仅是年轻人,而且成年人也低估了互联网在寻找他们需要的答案或他们不知道他们所需要的答案方面的能力。在我的课程中,对近百分之八十的问题的第一个反应是"在谷歌中搜索"(Google it)。我应该什么都知道还是我应该知道在哪里能找到任何东西?数字素养和互联网素养与写作和阅读同等重要。那你从哪里开始呢?你如何成为谷歌搜索高手?

今天,绝对没有什么能阻挡你查找所需的知识。你只需要知道如何驾驭旅程。

就这个学生而言,我问他,他的想法是以研究为中心,以制造为中心,还是以服务为中心。他说是研究，所以我问他有没有听说过"谷歌学术搜索"（Google Scholar）？虽然有些人可能会把这个资源当作查找大学课程学术文章的方法，但我发现它是寻找研究型领域的专家的极好途径。我为他分解说明如下：

第一步：访问 scholar.google.com，搜索一个主题。

第二步：将日期过滤器调整到所需年份，以包含当前研究。

第三步：评估一下你是否想与当地专家或更知名的专家联系（有时你很幸运，两个你都能联系到。）

第四步：查看作品的引用频次。

第五步：用谷歌搜索到研究员，以查找联络信息。例如：教师网站或专家博客。

第六步：草拟一封电子邮件，说明你是如何找到他们的、介绍你是谁以及你为什么要联系他们。问他们是否愿意围绕你们共同热衷的话题与你交谈一下。

当你不知道的时候，你会怎么做？

像上述这种可以向学生说明如何研究、何时以可操作的方式使用的活动有助于更好地理解和执行发现过程。研究可以、但应该不只是查找信息并以五段论的形式将其转述给老师。上述挑战旨在补充其他研究方法。该活动的强大之处在于它赋予学生双重技能，一是查找信息，二是探索如何利用互联网与专家联系，向他们学习，并将他们当作信息来源。正是这样的真实体验向学生展示了他们怎样可以通过互联网参与到全球互联的社会中，以学习新技能、获得新见解并参与协作性实践。

为什么教导学生善良弥足珍贵能给他们一种强大的使命感

我应一位老朋友的邀请，向一群约 50 名学生发表演讲，在此之前他们已经花了一天时间参加讲座和研讨会，从《托拉》（*Torah*）（又名《圣经》）的视角关注商业和金钱。当我站在他们面前，准备分享我关于为什么善良可能是未来十年最大的商业资产和工具的见解和经验时，灵感一闪而过，就像一吨砖头击中了

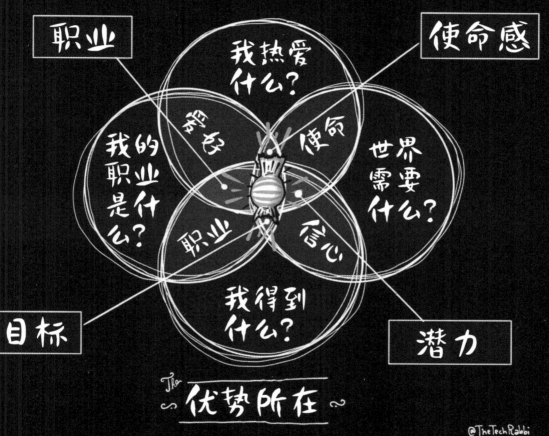

这些学生在 2018 年长大是多么幸运，那时没有什么会阻止他们把爱好转化为目标并利用技术和协作来实现这一目标。看似几分钟的时间，其实只有一两秒，因为我在想——如果我 15 岁时就坐在这里，听我自己讲述目标和自我意识的重要性，强调为他人提供价值多么重要，那会怎么样？我是不是就能意识到我现在的工作是我的使命？我是不是就会发挥杠杆作用、集成搜索并努力在 Google/YouTube/Facebook/ 等出现之前就对世界产生影响？就在那时我终于明白了。如果你没有这种目标和使命驱动的灵感，让你在面对任何挑战时都具有强大的韧性，能够挺过去并取得成功，那么工具、媒介和方法就毫无意义。可以说，这个优势所在就是学生们所错过的，因为在学校里，我们所接受的教育是根据他们的就业能力和我们能得到的报酬的高低来确定我们的优势。

当你看受 Ikigai① 启发创作的插图时，你就会发现，几乎每个学生都指出，我们对自己所做的事情的热爱以及世界对它的需求程度既没有得到重视，也没有得到讨论。这一点在 45 分钟的研讨会结束时更加明显，50 个高中生中只有一个人承认自己曾经有过这样的经历。

这就是为什么我创造了"善良弥足珍贵"的设计驱动体验。这种灵活的学习体验可以持续四十分钟到两个小时，并能使学生在几天或几周内都处于难以想象、备受鼓舞的状态，这些都根植于基础素养的良好发展。

为什么学生不参与以社会公益为重点的批判性思考？为什么学校在一天中挤不出时间来帮助学生发掘他们的爱好和目标？为什么需要通过一些课外活动才能让学生对我说："我从来没有接受过这种思考的挑战"，或者"为什么学校不教我们为社区面临的问题创造解决方案？"如果这个发现过程真的能激发他们投入英语、生物或世界语言课的学习，会怎样呢？相反，我们学生的动机受害怕失学、害怕由此导致生活失败这种外在因素的影响。当你听到学生有考试焦虑，以至于使自己生病时，请想一想。我的整个人生都取决于我前十七年学业的成功，这种想法很可悲。这是关键的几年？是的。我们年轻人就是这么认为的，正是这种外部压力使成功标准化，同时也使我们的学生几乎丧失了所有的好奇心和创造力。

没有目标，内在动机就几乎没有改变。我利用自己的教育历程来推动我的工作，修复教育中的这种缺陷。我高中毕业时的平均成绩不到 2.0 分。为什么

---

① Ikigai 一词来源于日语，意思相当于"人生的使命"或者"人生的意义"，可以理解为一种有意义的生活方式。——译者注

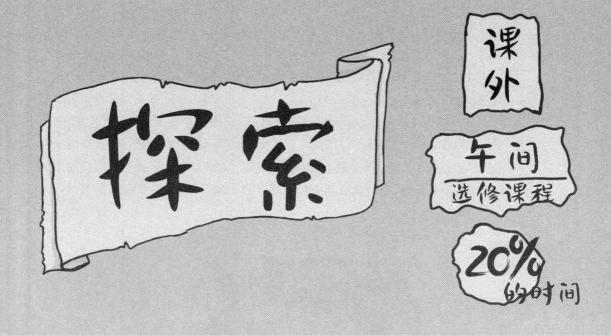

会这样呢？缺乏意义和目标与那些没有或不能挑战我的老师一起，使我倍感压力。

电子书《善良弥足珍贵》

你可以点击 https://thetechrabbi.com/ebdthebook

获取电子书《善良弥足珍贵》

支持他们的爱好

对许多学生来说，学校是为数不多的能让他们在分享想法时感到安全、得到支持和认可的地方之一。这就是为什么 20% 的时间在学校里是如此重要。给学生 20% 的在校时间去追求爱好，可以对他们的社会情绪健康产生重大影响。如果做得好，你可以把很多与课程和技能相关的学习机会融入到那些爱好驱动的项目中。当学生认为他们需要阅读、写作和很强的口头交际技能来围绕爱好培养和提升技能时，他们就会懂得学习是有目的的。那么，你怎么把 20% 的时间带入课堂呢？

首先进行调查，帮助学生集思广益，思考他们的兴趣和爱好。接下来给学生一个行动计划，列出他们成功所需的技能或资源。之后，你设定时间表。不管是周一早上、周五下午,还是周三中午,都要为你的20%的目标拨出特定的时间,并给学生提供创造的空间。这对那些习惯于被告知该做什么、如何思考和记住什么的学生来说会很困难,有时甚至会感到陌生。但当你给学生提供这种空间时,他们就会克服这些心理障碍。一旦让他们自由探索,他们就不会让你失望。

(翻译:徐品香　校对1:焦隽　校对2:焦建利)

第十章

保持谦逊

我们看不到事物的本来面目,我们看到的是自己的本来面目。
——塔木德·布拉肖特 55b(Talmud Brachot 55b)

当我们努力变得比现在更好时,我们周围的一切也会变得更好。
——保罗·科埃略(Paul Coelho)

200　　　谦逊是一个人可以获得的最重要的性格特征之一，这是因为谦逊能带来快乐，快乐能带来更强的创造力。谦逊并不是贬低自己的重要性，谦逊不是自我怀疑、自卑或自恨。谦逊让我们有机会努力工作，做伟大的事情，同时牢记他人的成功不会对我们产生负面影响。它选择不参与苹果对橘子体验，我们认为原因是水果就是水果，是一样的。谦逊使我们有机会欣赏和享受我们所拥有的以及他人的善良和他们的工作。

谦逊有什么好处？

　　如果没有谦逊，本书中的任何为容都不会给你带来长期的成功。技能、能力和成功让人变得谦逊。你看，谦逊只能通过伟大来实现。这种伟大是每个人内心深处都有的东西。只有通过努力工作所带来的信心、坚持和毅力才能显现出来。有意设计的过程无疑是一段旅程，但它的真正成功和你的真正成功取决于两个关键因素。它们是谦逊和感恩。

　　谦逊和诚实创造传代物。

　　谦逊被理解为谦虚或低调。那么，谦逊有什么好处？我们应该把自己看得一文不值或不如别人吗？这对建立信心有什么好处？如果你觉得自己一无是处，那么毅力、韧性和所有成功的信心都无法实现。《圣经》中的一个著名场景不仅永远改变了我对谦逊的看法，而且让我对谦逊如何成为实现伟大工作的驱动力以及如何将感恩之情永远放在心上有了深刻的认识。

202　　　这个故事是关于摩西的，《圣经》将他定义为所有人中最谦逊的人。这个劈开红海、在先知般的父母和兄弟姐妹中长大的人，怎么会把自己看成是卑微或一文不值的人呢？相反，这个故事揭示了摩西对世界有一种革命性的看法。他承认自己的伟大，并扮演了一个真正的领导者的角色；他认为他的才能不是自己的，而是赐予的，如果有人被赋予同样的才能，他可能会利用这些才能做得更多！这表明谦逊不是一种存在状态；它是一种态度，使你在没有任何自我怀疑、自我批评或其他人阻挠的情况下完成伟大的工作，从而获得巨大的成功！

　　所以……

谦逊和感恩创造传代物

创造力的最大障碍之一是缺乏谦逊

没有教授谦逊的简单课程,也没有什么奇妙的时机让你开始变得谦逊。谦逊的奇异可笑之处在于,如果你拥有它,你就拥有它;如果你说你拥有它,那你就失去了它,哪怕只是一瞬间。把谦逊看作一个动词。它是一种活跃的存在状态,不是一个静止的时刻或停滞的存在。它存在于努力工作和坚持不懈之中。那我们如何树立谦逊的榜样并将它传授给他人呢?以身作则是关键。谦逊意味着你承认你所拥有的,也承认你所做的。当你错了,或者是你不知道的时候,能够承认。谦逊是愿意倾听他人的意见,并自豪地分享自己对当前话题的看法。谦逊之所以成为创新的关键,是因为它使我们具有良好的性格特征,也能让我们认识到他人的重要性。许多不可思议的人把创新放在首位,而牺牲了他人、地球,甚至他们自己。谦逊让我们脚踏实地,成就伟大,为我们周围的世界带来真正的价值和益处。那你如何培养谦逊并将它灌输给你周围的人呢?以下是七个小贴士。

1. 相信比自己更伟大的东西

相信比自己更伟大的东西,能让你脚踏实地。如果你不回应比你伟大的东西,那么智慧、理性和环境就有机会把你引入黑暗。对我来说,它就是上帝。惊喜!不管它对你来说是不是上帝,都需要有比你更伟大的东西,我们必须教导年轻人找到它。如果你缺乏它,那么就没有什么东西阻碍你实现目标,而有些东西的损害是无法修复的。有许多创新者不惜一切代价来实现他们的登月计划。我不能说这是不对的,但这绝对是需要公开讨论的事情。

2. 感恩身边的人

你不可能独自到达理想的彼岸。我不管它在哪里。你必须——我们必须对我们周围的人心存感激。正是这种价值观使我们能够成为赋予他人权力并庆祝他人成功的领导者。我发现这种思维方式在我的生活中激发了一些有趣的动机,我感谢我的"竞争对手"。我感谢那些在我的利基工作领域做着伟大事情的人。我向他们学习,他们让我成为一个更好的人。

3. 庆祝他人的成功

这使我能够庆祝他人的成功。通过向年轻人灌输庆祝他人成功的思想,我们消除了一种从我们青年时代就开始并且永远不会真正终止的激烈而消极的竞争。能够庆祝他人的胜利,我们就有可能更快乐,就有可能向周围的人学习。它还引向比你更伟大的东西。我可以看着我周围的十几个创新者,相信他们的成就不会削弱我的成功、所得和突破,我自己的成就也是如此。

4. 明智一点,不要以自己的眼光看问题

"不要自作聪明。"这是《箴言》(3:7)中的一句话。那你如何平衡你对自己的天赋和能力的认知和认可呢?完全消除自我可能吗?如果你专注于做好事,与人为善,你的成功就会得到别人的认可。当然,你要确保你远离沮丧和自我批评(鼓励庆祝你的胜利),保持健康的意识平衡。

5. 及时原谅

这个非常重要。原谅。想象一下,如果爱迪生和特斯拉在一个团队会怎样,这个世界会怎样。当我们发生冲突时,及时原谅很重要。这并不意味着当个傻瓜或允许容忍不良行为,而意味着要着眼于生活的大局,从琐碎的分歧中走出来,并原谅他人的过错。有了这种方法,创新就有了在你的课堂或社区蓬勃发展的绝佳机会。

6. 做一个终身学习者

你的谦逊程度的真正证明是你的可教程度。你可教吗?想一想。我们期望我们的学生能做到,对吧?可教意味着向每个人学习,包括你的学生、新手同事,甚至四十岁的老教师。每个人都有发言权,每个人都有值得分享的东西。这一点我再怎么强调也不为过。缺乏可教性就像一个人和潜在创新之间隔着一堵40英尺的砖墙。总之,一句话——要有可教性。

7. 乐于助人

我对此深感内疚。我之所以离开设计和营销行业,完全是因为我对帮助他人的热爱。当有人掌握了我传播的技能时,我所体验到的满足感和纯粹的快乐是巨大的。这就是我经过几年的环球旅行咨询后重返课堂、开始教学的原因。

无论在哪里，创新都会在这样的空间里蓬勃发展。即，在此你帮助他人的热情是你工作的重点。

觉得自己更谦逊了吗？这是一个终身的旅程，但如果在学生的早期教育中加以强调和完善，它就可以被有效地内化。我们越谦逊，越愿意改变，就越容易受教。我们越可教，就越乐于助人、乐于庆祝他们的成功。最终呢？这个世界肯定会变得更美好。

培养谦逊的品质

谦逊教育是通过树立榜样、培养学生、鼓励他们成为最好的自己来完成的，最重要的是，永远不要让他们感到难堪。如果学生很早就学会对自己的技能和成功心存感激，那么不管他们变得多么成功，他们都更有可能变得谦逊、善良、有爱心。要提醒他们，谦逊并非意味着我们是完美的，或者没有错误和失败。谦逊意味着无论发生什么，我们都拥有感恩的心、基于善良的看法以及为我们周围的世界带来价值的人生使命。只有通过这种谦逊、真诚的反思和尊重，我们才能在我们所服务的人的心中留下传代物。这就是我们要改变世界的方式——一次改变一人。

要有热情，专心投入，保持谦逊，始终如此。

（翻译：徐品香　校对1：焦隽　校对2：焦建利）

第十一章

培养创造力的工具

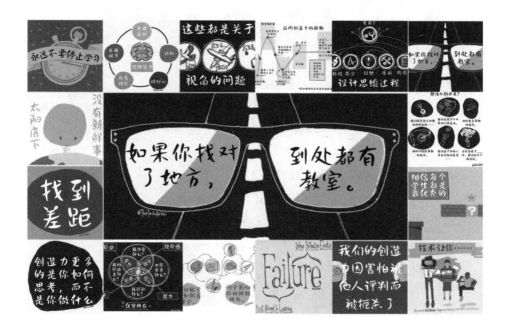

208　　　完美或渴望完美——常常阻碍我们检验自己的创造力。我们往往不想让自己处于挣扎、失败或根本"得不到"的境地。这就是创造性思维的障碍。但这些让你挣扎、失败的体验和没有意义的事情却是提升你的创造力的先决条件。这类挑战使一个人成为终身学习者,而不是经验丰富的老手。如果我们等到什么都知道了,那我们永远不会有任何成就。创造力不是什么抽象的"灵光一现"。创造力是把两个好的想法融合成伟大的想法。它是实用的,可用的,对他人有益的。创造力是关于思考、创造和行动的,现在就是开始的时候。

本书中贯穿了各种活动和挑战,作为对每章举措的补充,旨在培养创新的勇气和能力。以下想法和经验更有助于产出令人惊叹的创意。无论你是独自参与其中,还是与他人协作,你都会发现这个过程中隐藏着伟大,等待着在我们所有人身上显现。

209　托伦斯创造性思维测验(TTCT)

这个创造性测验从四个方面对发散性思维进行了界定:
- 流利性——你能想出多少种用途。
- 独创性——这些用途是多么地不常见(例如,"路由器重新启动"比"把文件放在一起"更不常见)。
- 灵活性——你的答案涵盖多少个领域(例如,袖扣和耳环都是饰品,属于一个领域)。
- 详尽性——回答的详细程度;"防止耳机缠结"比"书签"更有价值。

这个测试是我们了解自己当前创造能力的一个极好的窗口,因此我们可以努力在自己内部建立更强大的创造性思维过程。以下链接 testmycreative.com 将带你进入测试的精简版本。测试结果将有助于你了解自己当前创造力的八个不同指标。

30 圈活动

免责声明：如果你不熟悉"30 圈挑战"①，那么你必须在阅读之前查看一下该活动。这个挑战让我们大开眼界，认识到我们自己对创造性思维设置的障碍，是了解更多关于创造性地解决问题的好方法。

该活动旨在促进发散思维。我多次分享过，培养创造性思维与跑马拉松非常相似。当然，你可以在早上醒来后开始跑步，但不要指望这是你获得成功的最佳计划。这个活动我已经进行了几十次了，并且看到很多人在这个活动中挣扎，包括我！当我问我的学生或老师有多少人画了棒球时，大多数人通常都举手。然后我问他们有多少人画了篮球或高尔夫球，我们作为一个团队发现，我们确定方案，创造微小的进步以确保我们在时间限制下取得成功。不管是球、表情符号脸、行星还是时钟，这种练习为我们提供了一个非常有效的窗口，让我们了解自己的创造能力。

提醒事项！！！

阅读说明——在三分钟内把尽可能多的圆圈变成可识别的物体。一分钟都不要想。哪里写着"每个圆圈"，或者哪里注明你不能只在页面周围画正方形，哪里写着："波尔卡圆点毯子(Polka dot blanket)、扔麦(mic drop)、完成(done)"？

此活动由斯坦福大学设计学院院长鲍勃·麦基姆(Bob Mckim)设计。

替代用途

由 J. P. 吉尔福德(J. P. Guilford)于 1967 年开发的替代用途测试(The Alternative Uses Test)，让你在两分钟内为一个日常用品如椅子、咖啡杯或砖头想出尽可能多的用途，从而激发你的创造力。这种发散性思维的练习能够加强你在想法、对象和活动之间找到关联的能力。这个测试传统上使用砖头、椅子或回形针作为例子，但你可以自由地想出你自己的例子。当我们中的一些人奋力

---

① 30 圈挑战，the 30 Circle Challenge，又名 30 圈活动，它要求学生在 3 分钟为把尽可能多的圆圈变成可识别的物体，以培养他们的创造性思维。——译者注

30圈挑战

在三分钟内把尽可能多的圆圈变成可识别的物体。

@THETECHRABBI   #设计点亮教育

第十一章 培养创造力的工具

寻找超过十种的替代用途时,年轻的学生往往能找出多达50种或更多。

组合照片项目

在许多演讲中,我都分享过"创造力是一种思维模式,而不是一套艺术品"。一旦你接受了这个观点,你会采取什么措施来落实它呢?这是一个明显存在、但人们却避而不谈的棘手问题。有很多很酷的方法可以提高我们的创造能力。我在"设计点亮教育"项目上所做的所有工作都是为了探索创造性活动怎样才能辅助基本素养和能力的发展,从而使我们的学生和我们自己更有能力做得很棒。

对于那些还没有看过史蒂芬·麦克梅纳米(Stephen McMennamy)的作品的人来说,你将会大饱眼福。他观察周围世界并在看似不同的物体中找到创造性联系的能力是不可思议的。

我在 Instagram 上关注他已经近一年了,几个月前的某一时刻,我意识到他的创作过程不仅可以转化为一个有影响力的艺术项目,而且还可以转化为一次能够强化发散性和创造性思维能力的极好的体验。受他的作品的鼓舞,我打开了 Adobe Photoshop,但很快就意识到这需要成为某种超越 Photoshop 用户的可扩展的东西。就这样,我的脑海里浮现出一句著名的盖可(Geico)台词,"非常简单,连穴居人都会做",于是我就确定,它必须"非常简单,连一年级学生都会做"。

在这句话的鼓舞下,我打开了 Adobe Spark,想看看自己可以多么快速、多么轻松地创作出像史蒂芬那样的东西,伙计们,你们在这里可以看到。

这次体验使我认识到,要真正了解我们的创造性和创造潜力,我们需要一些

我的手提箱甲虫、打字机笔记本电脑和口香糖手推车。

小而具体的能让我们开阔眼界的体验机会。我们需要消除创造力就是制图、绘画或音乐创作的谬论。最重要的是，我们需要认识到，创造力可以通过超越世界的功能固着来释放，并寻找新的方式捕捉和传达我们所看到的东西。

照片组合挑战

受史蒂芬·麦克梅纳米启发

*教师须知：劝告你不要展示项目实例。这个挑战的目的不仅仅是创造，而且也是为了推动有意义的讨论和反思性写作。从创造到讨论再到反思，每一部分都将帮助学生记录他们在发散思维和创造性方面的进步。

1. 三分钟：试着列一份物品清单，所列物品越多越好。
2. 十分钟：集体讨论清单上每件物品的特征。
   a) 如果你分享示例，如轮子、绳索、矩形、孔、开关、颜色等，则由你决定。
   b) 选择六件物品，将它们组合起来，创造三个新的作品。
3. 三十分钟：使用 Adobe Spark：
   a) 搜索两张代表所选物品的图片。
   b) 将它们垂直或水平放置。目标是对称，并将它们的边缘对齐。
   c) 移动边框并放大每张图片，尽可能使之无缝排列。
4. 十分钟：分享学生作品，引导学生围绕过程和作品进行讨论。
   a) 示例问题：
      i) 你是怎么发现这两件物品有关联的？
      ii) 哪个更难——列出物品清单还是寻找组合它们的方法？
      iii) 在决定最后的组合之前，你尝试了多少种不同的方式来组合这件物品？
      iv) 通过"物品 x"和"物品 y"的组合，你觉得我们如何看待我们周围的物品？
      v) 有哪些组合物品改变世界的例子？（例如：苹果手机、灯泡、移动屋、气垫船）

这个活动可以在短时间内完成，但会产生强大的效果。除了掌握像 Adobe Spark 这样很棒的技术工具以及图像和设计的能力之外，这个活动还让学生有机会创造产品，激发围绕发散思维和创作过程的对话和意识。

它也向我们的学生和我们证明了创造力是将意想不到的东西组合在一起，而不仅仅是画出来。

组合＋创新挑战

这个挑战是我最喜欢的挑战之一。它让我的高中生抓狂，因为它不仅要求你跳出盒子思考，还要求你使用盒子。多年来，不同的设计师和教授对此进行了多次迭代，但它的诞生源于日本一种名为 Chindogu 的现象，即发明小玩意的日本艺术，这些小玩意看似能解决问题，但实际上毫无用处。该挑战将你推向发散思维的极限，是一种极好的参与协作的方式。该项目的时间安排如下：

- 24—72 小时的活动。
- 从每个盒子里随机抽取一张物品卡（共两张）。
- 与你的团队一起集思广益，讨论怎样把两个物品组合起来，形成一个新的物品，或者使其功能得到改善。
- 勾勒或建造你的原型。
- 向全班介绍你的作品及其工艺。

完成后，我让学生们展示他们的原型，并给他们几分钟的时间四处走动，观看别人的作品。然后让他们介绍他们的作品及其工艺，后者是该挑战中最重要的部分。我问他们这样一些问题：

- 你是在什么时候开始面临挑战的？
- 你是怎么开始解决你的问题的？
- 在你提出这个想法之前，你一共想出了多少个点子？
- 你的这个想法有多少种变体？

很多时候学生会提出一到三个想法。然后他们会经历一次没有变化的迭代，之后交出他们的最终作品。

这可能适用于工作表和论文，但对任何被定义为创新产品或创新实践的东西都不适用。

坏主意工厂（Bad Ideas Factory）

几年前，我在一次会议上听说了"坏主意工厂"。我希望我记得是谁提出的，或者是在哪里发生的，那是在 2014 年前后。像任何流行语一样，我试图深入谷歌查找那些极好的活动的发明者。我能找到的最好的文章是凯文·布鲁克豪泽(Kevin Brookhouser)在 2012 年写的一篇题目是《20％的项目：坏主意工厂》(20% Project: Bad Idea Factory)的文章。在这篇文章中，他提到他是在 NoTosh 与尤恩·麦景图(Ewen McIntosh)一起参加了研讨会之后提出了"坏主意工厂"一词。他链接到他的网站，但是链接已损坏。我在推特上联系了尤恩，以获取更多信息。

我在从一年级到十二年级的各个班级中多次应用了"坏主意工厂"活动。结果总表明是既有趣又有意义的体验，因为该活动有助于每一位参与者打破我们对自己的创造能力以及如何评价"好主意"的偏见。

向任何班级介绍这个活动的一个很好的方式是我最喜欢的动画片之一《狂欢三宝》(Animaniacs)中的"好主意""坏主意"片段的视频汇编。这些片段的意义（我认为）不仅仅是为观众提供喜剧和娱乐，而且还挑战他们真正的思考。对于一部动画片来说，这是很难得的，但《狂欢三宝》却走在了时代的前列。

活动过程

这个活动的过程简单明了。

1. 学生（或老师）有 X 分钟的时间列出尽可能多的"坏主意"。过去，我给五年级以上的年龄大一点的学生设定了最少要列出 20 个。年龄小一点的学生往往对我们挑战他们运用自己的思想和自由展示其知道多少的想法而感到兴奋。

2. 任何想法都应该记录在白板、海报或纸上，以便随后可以展示。

3. 活动前应当说明活动准则和正确的评价标准。鼓励学生列出他们自己的准则，说明哪些"坏主意"是不合适的。过去，我的班级准则包括：不得以任何方式或形式对任何人或种族施加暴力、抱有偏见或表现出不尊重。对于年龄较大的学生，你可能需要提醒他们，所有想法应当是安全的，与性本身无关的。是的，你可能会笑一会儿，但接下来我们可以继续讲活动了。

4. 一旦产生了想法，学生就可以分析他们的想法。以下引导性问题（或者设计你自己的！）可能有助于激发好奇心和对话。

a) 如何将这个"坏主意"变成一个"好主意"？

b) 这个想法是否可行或者是否在你的能力范围之内？

5. 接下来是"综合"的过程。挑战学生利用引导性问题（或者设计你自己的!)对他们所列的内容进行综合,并找到将某些想法与其他想法再次合并的方法。

c) 你们的每一个想法或某些想法有什么共同点?

d) 我们如何从一个想法中借用一些东西并将其添加到另一个想法中?

6. 经过这个过程之后,他们应该能够将他们所列的想法减少到两个或三个。接下来学生将向全班介绍他们的"最佳坏主意",这取决于班级的规模,可能需要一个多小时。我把谈话限制在一到两分钟之间。不能少,也不能多。

现在呢?

一些老师把这个活动提升到一个新的层次,并利用它帮助学生为20%的时间项目找到主题。我认为,作为一种建立创造信心和勇气的方式,这个项目本身具有更大的价值。

(翻译:焦隽　校对1:徐品香　校对2:焦建利)

参考文献

"Back To School." *LEGO Education*. 2018. Education. lego. com, education. lego. com/en-us/about-us/back-to-school.

Brown, Morgan. "Airbnb: The Growth Story You Didn't Know." *GrowthHackers*. growthhackers. com/growth-studies/airbnb.

Guildford, J. P. *The Nature of Human Intelligence*. Now York, New York: McGraw-Hill, 1967. "How Not to Land an Orbital Rocket Booster." YouTube, 2: 09. Posted by "SpaceX," 2018, youtu. be/bvim4rsNHkQ.

Hustwit, Gary, and Rams Dieter. Rams. Documentary by Film First Co. 2018.

Jobs, Steve. "Stanford Commencement Address." Keynote Address, Stanford University, Stanford, California, June 12,2005.

Mayer, Richard E. *Multimedia Learning*. New York, NY: Cambridge University Press, 2009.

McBurney, Sallay, dirctor. *Steve Jobs: Visionary Entrepreneur*. Silicon Vallet Historical Association, 2013.

Mya. "FullTimeKid Channel Trailer." YouTube, 0: 35, Posted by "FullTimeKid," 2018, youtube. com/user/FullTimeKid.

Ormrod, Jeanne Ellis. *Educational Psychology: Developing Learners*. Bosten, Massachusetts: Pearson/Allyn & Bacon, 2011.

Reingold, Jennifer. "Hondas in Space." *Fast Company*, 1 Feb. 2005, fastcompany. com/52065/hondas-space.

Resnick, Mitchel. "Rethinking learning in the digital age." YouTube, 11: 53, Posted by "Serious Science," 2017, youtube. com/watch? v = A_0XzM34_Ew.

Schneersohn, Joseph Isaac, and Menachem Mendel Schneerson. *Hayom Yom: Day by Day*. New York, NY: Kehot, 1988.

邀请迈克尔·科恩访问你们学校，参与你们的活动迈克尔相信，帮助人们培养创造能力能够使他们成为更自信、更坚定的问题解决者。在过去的四年里，他与管理者、教育工作者和学生一起走遍全国，帮助创建旨在促进发散性和创造性思维的课程，利用协作、技术和设计思维让每个人都有工具来解决有趣的问题。

迈克尔以幽默、灵性的洞察力、手绘幻灯片和教育的新视角的混合方式分享他的故事、见解和想法，使他的听众参与其中，乐在其中，并有能力实现他们希望看到的教育变革。

迈克尔在开启长达十余年的教育之旅以前曾在设计和营销行业工作了六年，具有独特的视角，突破了创造过程的界限，为客户培养同理心视角，并帮助人们解决视觉交流方面的难题。他担任设计师、企业经营者、精神导师、教育工作者和管理者的经历有助于他鼓励那些与他一起工作的人接受不同的观点，并始终关注他们如何成为终身学习者和我们年轻人的榜样。

受欢迎的主题演讲和研讨会

1. 设计点亮教育：发掘非常规领域的潜力
2. 运用设计思维培养问题解决能力
3. 每个学生都需要像设计师一样思考的五个理由
4. 通过视觉设计和交流点燃学生的火花

联系方式

带迈克尔参与你的活动，如需更多信息，请通过以下方式联系他。

- Email：mcohen@thetechrabbi.com
- Twitter：@TheTechRabbi
- Instagram：@TheTechRabbi
- Blog：educatedbydesign.com
- Youtube：youtube.com/thetechrabbi

（翻译：焦隽　校对1：焦建利　校对2：徐品香）